手軽につくれて使いまわせる
プロのための
ソース&ディップス
Sauce & Dips

柴田書店

はじめに

　ソースは、お客の心をとらえるメニューづくりに欠かせない要素。アイデア次第でいつものひと皿をぐんと魅力的に演出することができます。おいしくて使いまわせるソース類のバリエーションを豊富に持つことは、お客を惹きつけ続ける店づくりを支える大きな要素のひとつです。
　とはいえ、日々の営業との兼ね合いを考えると、あまり手間のかかるものばかりを揃えるわけにもいきません。

　そこで、本書では、つくり方は簡単なのに添えるだけ、かけるだけ、和えるだけで料理にひと工夫加えられる、そんな創意に富んだソース、ディップ、ドレッシング、タレ、ペースト、合わせ調味料などを幅広く多数収録。あわせて一部のソース類を使った料理も掲載し、レストラン、ワインバー、バル、カフェ、居酒屋などさまざまな営業形態においてお役立ていただける内容を目指しました。
　加えて、トマトソースやジェノベーゼソース、ワカモレやリエットなどのベーシックなソースやディップも掲載。繁盛店の料理人による、とっておきの配合をご紹介いただいています。

　ソース類と料理のレシピをご紹介くださったのは、日夜お客でにぎわうワインバー、フランス料理店、イタリア料理店、日本料理店、中国料理店、ベトナム料理店、メキシコ料理店の料理人の皆さま方です。他ジャンルの料理はヒントの宝庫。そこから学ぶことは、料理の幅を広げる近道だといえます。
　味つけに迷ったとき、料理のブラッシュアップをはかるとき、本書があなたのお店の助けになれば幸いです。

ソース&ディップス
Sauce & Dips

目次

Part 1 ドレッシング

ヴィネグレット
　紺野　真／オルガン…11

フレンチドレッシング
　米山　有／ぽつらぽつら…12

燻製パンチェッタと
赤ワインヴィネガーのソース
　永島義国／サローネ2007…14

シーザードレッシングのもと
　中村浩司／アシエンダ デル シエロ…15

ソース・アンショワイヤード
（アンチョビ入りドレッシング）
　荒井　昇／レストラン オマージュ…16

海老のジュのヴィネグレット
　荒井　昇／レストラン オマージュ…18

コンフィチュールドレッシング
　横山英樹／（食）ましか…19

ヴィネグレット　バルサミコ入り
　紺野　真／オルガン…19

肉のジュのヴィネグレット
　荒井　昇／レストラン オマージュ…20

ヴィネグレット　しょうが入り
　紺野　真／オルガン…21

ヌクチャムドレッシング
　足立由美子／マイマイ…21

香菜ドレッシング
　西岡英俊／レンゲ エクリオシティ…22

シンプルサラダドレッシング
　足立由美子／マイマイ…23

ヴィネグレット　カレー粉入り
　紺野　真／オルガン…24

ピリ辛チリソースドレッシング
　足立由美子／マイマイ…24

辛みドレッシング
　足立由美子／マイマイ…25

サテードレッシング
　足立由美子／マイマイ…25

Part 2 マヨネーズ・卵黄ベース

マヨネーズ
　荒井　昇／レストラン オマージュ…26

タルタルソース
　荒井　昇／レストラン オマージュ…28

干し貝柱とエシャロットのタルタルソース
　荒井　昇／レストラン オマージュ…28

タルタルソース
　横山英樹／（食）ましか…30

ハラペーニョタルタル
　中村浩司／アシエンダ デル シエロ…31

ガーリックマヨ
　足立由美子／マイマイ…31

塩玉子のタルタルソース
　西岡英俊／レンゲ エクリオシティ…32

ミントと自家製ドライトマトのタルタル
　米山　有／ぽつらぽつら…34

柚子こしょうマヨ
　足立由美子／マイマイ…36

ポテチ入りツナマヨソース
　横山英樹／（食）ましか…38

サルサ・トンナータ（ツナのソース）
　岡野裕太／イル テアトリーノ ダ サローネ…39

ヌクマムマヨ
　足立由美子／マイマイ…39

金華ハムのカスタードクリーム
　西岡英俊／レンゲ エクリオシティ…40

しょうがとペルノーのソース・ムースリーヌ
　紺野　真／オルガン…41

アイヨリ
　荒井　昇／レストラン オマージュ…44

アイヨリのエスプーマ
　荒井　昇／レストラン オマージュ…45

黄味酢タルタル
　中山幸三／幸せ三昧…46

マンゴー黄味酢
　米山　有／ぽつらぽつら…48

Part 3 チーズ、バター、牛乳

フロマージュブランのタルタルソース
● 荒井 昇／レストラン オマージュ…49

ゴルゴンゾーラのムース
● 米山 有／ぼつらぼつら…50

ゴルゴンゾーラクリーム
● 岡野裕太／イル テアトリーノ ダ サローネ…50

生山葵とクリームチーズ
● 米山 有／ぼつらぼつら…52

酒粕と白味噌、ブルーチーズ
● 米山 有／ぼつらぼつら…52

パルミジャーノソース
● 紺野 真／オルガン…53

ラグザーノチーズのソース
● 永島義国／サローネ2007…53

チーズフォンデュータ
● 横山英樹／(食)ましか…54

冷たいチーズフォンデュ
● 米山 有／ぼつらぼつら…54

トーチン・ブライドのソース
● 永島義国／サローネ2007…55

ベシャメル・ソース
● 荒井 昇／レストラン オマージュ…56

アサリバター
● 横山英樹／(食)ましか…58

アンチョビ焦がしバターソース
● 紺野 真／オルガン…60

ヴェルモット風味のバターソース
● 荒井 昇／レストラン オマージュ…60

ソース・グルノーブル
● 紺野 真／オルガン…61

Part 4 オイル

自家製ドライトマトと塩昆布、生ハムのオイルソース
● 米山 有／ぼつらぼつら…62

スモークオイル
● 西岡英俊／レンゲ エクリオシティ…63

オリーブペースト
● 岡野裕太／イル テアトリーノ ダ サローネ…63

サルサ・ヴェルデ
● 湯浅一生／ビオディナミコ…64

バジリコ・ペースト(ジェノベーゼソース)
● 永島義国／サローネ2007…65

バーニャ・カウダソース
● 横山英樹／(食)ましか…66

生姜のソース
● 横山英樹／(食)ましか…68

ラー油
● 西岡英俊／レンゲ エクリオシティ…70

食べるラー油
● 横山英樹／(食)ましか…71

ネギ油
● 足立由美子／マイマイ…71

香油
● 西岡英俊／レンゲ エクリオシティ…72

ガーリックオイル
● 足立由美子／マイマイ…72

麻婆のもと
● 西岡英俊／レンゲ エクリオシティ…73

貝柱油
● 西岡英俊／レンゲ エクリオシティ…74

Part 5 肉&魚介

リエット
● 荒井 昇／レストラン オマージュ…75

ラグー
● 湯浅一生／ビオディナミコ…76

レバーペースト
● 湯浅一生／ビオディナミコ…78

ブランダード
● 荒井 昇／レストラン オマージュ…79

イカスミソース
● 横山英樹／(食)ましか…80

イカスミソース
● 岡野裕太／イル テアトリーノ ダ サローネ…81

アンチョビソース
● 横山英樹／(食)ましか…84

ウニバーニャ
● 米山 有／ぼつらぼつら…85

鮎と生姜のディップ
● 米山 有／ぼつらぼつら…85

鱧出汁と茄子のソース
● 横山英樹／(食)ましか…86

酒盗あん
● 米山 有／ぼつらぼつら…88

海苔ジュレ
● 中山幸三／幸せ三昧…90

海苔と黒オリーブのソース
● 紺野 真／オルガン…90

Part 6 野菜&豆

ベトナム風トマトソース
　🟠足立由美子／マイマイ…91

トマトソース
　🟣永島義国／サローネ2007…92

ガスパチョソース
　🟢横山英樹／(食)ましか…94

ロメスコソース
　🟣紺野 真／オルガン…95

アマトリチャーナのソースベース
　🟣横山英樹／(食)ましか…96

ペスト・トラパネーゼ
　🟢永島義国／サローネ2007…97

ソース・ラヴィゴット
　🔵荒井 昇／レストラン オマージュ…98

トマトとアサリ、ナンプラー、パクチー、
ケイパーのケッカソース
　🔴米山 有／ぼつらぼつら…98

サルサ・メヒカーナ
　🟡中村浩司／アシエンダ デル シエロ…99

サルサ・メヒカーナ・コン・フルータ
　🟡中村浩司／アシエンダ デル シエロ…99

サルサ・フレスコ
　🟡中村浩司／アシエンダ デル シエロ…100

サルサ・フレスコ・コン・チポトレ
　🟡中村浩司／アシエンダ デル シエロ…100

ソース・アンティボワーズ
　🟣紺野 真／オルガン…102

キャビア・ド・オーベルジーヌ
　🟣紺野 真／オルガン…102

玉ネギのソース
　🟣紺野 真／オルガン…104

赤玉ネギのコンフィ
　🔴米山 有／ぼつらぼつら…104

サルサ・セボラ
　🟡中村浩司／アシエンダ デル シエロ…105

ワカモレ・フレスコ
　🟡中村浩司／アシエンダ デル シエロ…106

ワカモレ・フルータ
　🟡中村浩司／アシエンダ デル シエロ…107

ワカモレ・ヌエス
　🟡中村浩司／アシエンダ デル シエロ…107

ワカモレ
　🔵荒井 昇／レストラン オマージュ…108

赤ピーマンのピュレ
　🟣紺野 真／オルガン…110

赤ピーマンのムース
　🟣紺野 真／オルガン…112

万願寺のソース
　🟢横山英樹／(食)ましか…114

カリフラワーのピュレ
　🟣紺野 真／オルガン…115

カリフラワーとブロッコリーのディップ
　🔴米山 有／ぼつらぼつら…115

グリルインゲンのピュレ
　🟣岡野裕太／イル テアトリーノ ダ サローネ…116

ヒヨコ豆のペースト
　🟢岡野裕太／イル テアトリーノ ダ サローネ…118

ヒヨコ豆と実山椒のフムス
　🔴米山 有／ぼつらぼつら…119

茶豆と明太子のディップ
　🔴米山 有／ぼつらぼつら…119

トウモロコシのコンディマン
　🟣紺野 真／オルガン…120

トウモロコシのピュレ
　🟣紺野 真／オルガン…121

トウモロコシのムース
　🟣紺野 真／オルガン…121

梅ごまおろし
　⚫中山幸三／幸せ三昧…122

ゆずこしょうおろしポン酢
　⚫中山幸三／幸せ三昧…122

きゅうり酢
　⚫中山幸三／幸せ三昧…123

キュウリとケイパーのソース
　🟢横山英樹／(食)ましか…123

オクラあん
　⚫中山幸三／幸せ三昧…124

ジャガイモのピュレ
　🟢横山英樹／(食)ましか…124

新生姜のグラニテ
　🟢横山英樹／(食)ましか…125

黒にんにくだれ
　⚫中山幸三／幸せ三昧…126

ハリッサ
　🟢湯浅一生／ビオディナミコ…128

サルサ・アル・クレン
　🟢湯浅一生／ビオディナミコ…128

ネギと実山椒のソース
　🔴米山 有／ぼつらぼつら…129

薬味あん
　⚫中山幸三／幸せ三昧…129

すだちジュレ
　⚫中山幸三／幸せ三昧…130

白和え衣
　⚫中山幸三／幸せ三昧…130

湯葉と長芋のベシャメルソース
　🔴米山 有／ぼつらぼつら…131

豆腐ディップ
　🔴西岡英俊／レンゲ エクリオシティ…132

豆腐とアボカドのディップ　しらすのせ
　🔴米山 有／ぼつらぼつら…132

Part 7 醬油＆味噌

納豆じょうゆ
- 中山幸三／幸せ三昧…133

南蛮ダレ
- 横山英樹／(食)ましか…134

しょうがゴマじょうゆ
- 中山幸三／幸せ三昧…134

酒盗じょうゆ
- 中山幸三／幸せ三昧…136

オリーブ醬油
- 米山 有／ぽつらぽつら…136

田楽みそ
- 中山幸三／幸せ三昧…138

オリーブ味噌
- 米山 有／ぽつらぽつら…138

金山寺味噌とバルサミコのソース
- 米山 有／ぽつらぽつら…140

芥子酢みそ（赤）
- 中山幸三／幸せ三昧…142

芥子酢みそ（白）
- 中山幸三／幸せ三昧…142

味噌柚庵地
- 中山幸三／幸せ三昧…143

くるみみそ
- 中山幸三／幸せ三昧…143

土佐酢ジュレ
- 中山幸三／幸せ三昧…144

Part 8 中国・東南アジアの調味料

XO醬
- 西岡英俊／レンゲ エクリオシティ…145

甜麵醬ソース
- 西岡英俊／レンゲ エクリオシティ…146

赤唐辛子入りシーズニングソース
- 足立由美子／マイマイ…146

南乳ソース
- 西岡英俊／レンゲ エクリオシティ…148

腐乳ディップ
- 西岡英俊／レンゲ エクリオシティ…148

ヌクチャム
- 足立由美子／マイマイ…150

しょうがヌクチャム
- 足立由美子／マイマイ…152

スイートチリヌクチャム
- 足立由美子／マイマイ…152

黒酢ダレ
- 西岡英俊／レンゲ エクリオシティ…153

サテー
- 足立由美子／マイマイ…153

四川だれ
- 西岡英俊／レンゲ エクリオシティ…154

炒め麺の合わせソース
- 足立由美子／マイマイ…156

ヌクマムソース
- 足立由美子／マイマイ…158

花椒塩
- 西岡英俊／レンゲ エクリオシティ…159

ムイティウチャン（塩こしょうライムだれ）
- 足立由美子／マイマイ…159

ゆでたまごソース
- 足立由美子／マイマイ…160

Part 9 ゴマ＆ナッツ

ごまクリーム
- 中山幸三／幸せ三昧…161

黒ごまじょうゆ
- 中山幸三／幸せ三昧…162

辛いごまダレ
- 西岡英俊／レンゲ エクリオシティ…162

サルサ・ディ・ノーチ（クルミのソース）
- 湯浅一生／ビオディナミコ…164

くるみだれ
- 中山幸三／幸せ三昧…166

ピーナッツみそソース
- 足立由美子／マイマイ…166

ピスタチオのペースト
- 岡野裕太／イル テアトリーノ ダ サローネ…168

香菜とピスタチオのソース
- 西岡英俊／レンゲ エクリオシティ…168

Part 10 アルコール

赤ワインソース
- 西岡英俊／レンゲ エクリオシティ…169

鰯の肝と赤ワインのソース
- 紺野 真／オルガン…170

フランボワーズのソース／カシスのソース
- 紺野 真／オルガン…172

グレイズ紹興酒
- 西岡英俊／レンゲ エクリオシティ…172

Part 11 果物&デザート

オレンジとニンニクのコンポスタ
● 岡野裕太／イル テアトリーノ ダ サローネ…173

リンゴソース
● 横山英樹／（食）ましか…174

リンゴのコンディマン
● 紺野 真／オルガン…174

スーゴリ
● 永島義国／サローネ2007…176

ソース・キャラメル
● 荒井 昇／レストラン オマージュ…177

ソース・アングレーズ
● 荒井 昇／レストラン オマージュ…177

カスタード・クリーム
● 荒井 昇／レストラン オマージュ…178

ティラミス用マスカルポーネクリーム
● 永島義国／サローネ2007…180

ソース・ショコラ（チョコレート・ソース）
● 荒井 昇／レストラン オマージュ…182

サルサ・ディ・ビチェリン
● 湯浅一生／ビオディナミコ…184

簡単！ 練乳ソース
● 横山英樹／（食）ましか…184

緑豆ココナッツソース／緑豆ソース
● 足立由美子／マイマイ…185

ココナッツミルクソース
● 足立由美子／マイマイ…186

ショウガシロップ
● 足立由美子／マイマイ…186

パイナップルとココナッツのエスプーマ
● 荒井 昇／レストラン オマージュ…188

ソース&ディップスを使った料理

野菜のテリーヌ
● 米山 有／ぽつらぽつら…13

トレヴィスのサラダ 燻製パンチェッタと
赤ワインヴィネガーのソース
● 永島義国／サローネ2007…14

シーザーサラダ
● 中村浩司／アシエンダ デル シエロ…15

パプリカと夏野菜のサラダ
ソース・アンショワイヤード
● 荒井 昇／レストラン オマージュ…16

マナガツオのポワレ
ソース・アンショワイヤード添え
● 荒井 昇／レストラン オマージュ…17

ナスと万願寺トウガラシのサラダ
● 西岡英俊／レンゲ エクリオシティ…22

テット・ド・フロマージュのフライ
干し貝柱とエシャロットのタルタルソース添え
● 荒井 昇／レストラン オマージュ…29

ハマグリのフリット
塩玉子のタルタルソース添え
● 西岡英俊／レンゲ エクリオシティ…33

帆立とズッキーニのフライ
ミントと自家製ドライトマトのタルタル添え
● 米山 有／ぽつらぽつら…34

鶏モモ肉のカリカリ焼きのバインミー
● 足立由美子／マイマイ…36

ツナマヨサンド
● 横山英樹／（食）ましか…38

ホタテのグリエとアスパラガス
しょうがとペルノーのソース・ムースリーヌ
● 紺野 真／オルガン…42

アボカド、エビ、しょうがとペルノーのソース・
ムースリーヌのタルタル
● 紺野 真／オルガン…43

アジフライ 黄味酢タルタル
● 中山幸三／幸せ三昧…46

ゴルゴンゾーラのムースと赤玉ネギのコンフィ
● 米山 有／ぽつらぽつら…51

アサリバターのタヤリン カルボナーラ風
● 横山英樹／（食）ましか…59

ボッリート・ミスト サルサ・ヴェルデ添え
● 湯浅一生／ビオディナミコ…64

バーニャ・カウダ
● 横山英樹／（食）ましか…67

カツオのカルパッチョ
● 横山英樹／（食）ましか…68

麻婆豆腐
● 西岡英俊／レンゲ エクリオシティ…73

イカスミのリゾット
● 岡野裕太／イル テアトリーノ ダ サローネ…82

鱧と茄子のカッペリーニ
● 横山英樹／（食）ましか…87

蕪のソテー 酒盗あん
● 米山 有／ぽつらぽつら…88

鮑と赤万願寺の酒盗あん和え
● 米山 有／ぽつらぽつら…88

スパゲティ・ポモドーロ
（トマトソースのスパゲティ）
● 永島義国／サローネ2007…93

グリル・ド・オクトパス
サルサ・フレスコ・コン・チポトレ添え
● 中村浩司／アシエンダ デル シエロ…101

白身魚のポワレ ソース・アンティボワーズと
キャビア・ド・オーベルジーヌ添え
● 紺野 真／オルガン…103

鴨の藁焼き ワカモレとチョコレートソース添え
● 荒井 昇／レストラン オマージュ…108

鶏胸肉のスモーク 赤ピーマンのジュレ
　●紺野 真／オルガン…111

豚肉のバロティーヌ 赤ピーマンのピュレ添え
　●紺野 真／オルガン…111

帆立のグリエ 赤ピーマンのムースとブラータ添え
　●紺野 真／オルガン…112

タコ、インゲン、ジャガイモ、
グリーンオリーブのインサラータ
　●岡野裕太／イル テアトリーノ ダ サローネ…116

地鶏とアボカド 黒にんにくだれ焼き
　●中山幸三／幸せ三昧…126

ズッキーニのグラタン
湯葉と長芋のベシャメルソースがけ
　●米山 有／ぼつらぼつら…131

チキン南蛮
　●横山英樹／（食）ましか…135

かつおのたたき 酒盗じょうゆ
　●中山幸三／幸せ三昧…137

鰆の田楽みそ焼き
　●中山幸三／幸せ三昧…139

豚肉と季節野菜のソテー
金山寺味噌とバルサミコのソース
　●米山 有／ぼつらぼつら…140

焼豚バーガー
　●西岡英俊／レンゲ エクリオシティ…147

乳飲み仔羊 南乳ソース
　●西岡英俊／レンゲ エクリオシティ…149

揚げ春巻き
　●足立由美子／マイマイ…150

よだれ鶏
　●西岡英俊／レンゲ エクリオシティ…154

お手軽パッタイ
　●足立由美子／マイマイ…156

鶏手羽の唐揚げ ヌクマムソース
　●足立由美子／マイマイ…158

ゆで野菜のゆでたまごソース添え
　●足立由美子／マイマイ…160

かますの棒ずし 黒ごまじょうゆがけ
　●中山幸三／幸せ三昧…163

パンソッティ・アッラ・サルサ・ディ・ノーチ
　●湯浅一生／ビオディナミコ…164

焼なす煮こごり くるみだれがけ
　●中山幸三／幸せ三昧…167

鰯と梅のルーロー
鰯の肝と赤ワインのソース 牛蒡のガレット
　●紺野 真／オルガン…170

きずし リンゴソース添え
　●横山英樹／（食）ましか…175

ティラミス
　●永島義国／サローネ2007…181

Tout Chocolat
　トゥー　ショコラ
　●荒井 昇／レストラン オマージュ…182

冷たいチェー
　●足立由美子／マイマイ…187

パイナップルとココナッツのデセール
ピニャコラーダ
　●荒井 昇／レストラン オマージュ…188

ソース＆ディップス Collection
1 辛いソース編…44
2 サンドイッチソース編…48
3 パスタソース ベーシック編…61
4 パスタソース バラエティ編…74
5 パンを添えるだけで前菜編…94
6 肉にも魚にも野菜にも合う万能ソース編…120

column
メキシコ料理に学ぶ
　ソースとディップの展開…106
野菜のピュレを展開する…110
煮詰めるというテクニック…144

はじめに…3
凡例…10
料理人・取材店紹介…190
補足レシピ…194
各店の基本レシピ…197
索引／ベーシックなソース＆ディップス…199
　　　肉・内臓肉に合うソース＆ディップス…200
　　　魚介・加工品に合うソース＆ディップス…201
　　　野菜に合うソース＆ディップス…204
　　　揚げものに合うソース＆ディップス…206
　　　麺・ご飯・パンに合うソース＆ディップス…207

撮影／天方晴子、中島聡美、東谷幸一
アートディレクション／岡本洋平（岡本デザイン室）
デザイン／島田美雪（岡本デザイン室）
編集／井上美希、大掛達也、佐藤順子

本書について

○記載の分量は各店の仕込み量で、できあがり量は
　ものによって異なる。ほとんどは小規模店でも
　仕込みやすい200〜400mlだが、
　ものによってはそれ以上のものもある

○ソース名は各店での表記に準ずる

○掲載の料理は本書のために特別に
　ご考案いただいたものがほとんどで、
　常時提供しているとは限らない

○オーブンはあらかじめ余熱しておく

○調理時の温度・火力・時間、材料の分量は
　あくまで目安であり、厨房条件、熱源や加熱機器の種類、
　材料の状態により変わるため、適宜調整が必要

○ヴィネグレットとはフランス語でドレッシングの意

○ブロード、フォンは骨や野菜などからとるだし

○パコジェットは専用容器に入れて凍らせた食材を
　冷凍状態のまま粉砕する調理器具

材料について（特に記載がない場合は下記の通り）

○E.V.オリーブ油とある場合は
　エクストラヴァージンオリーブ油を、
　オリーブ油とある場合はピュアオリーブ油を使用

○バターは無塩を使用

○赤トウガラシは乾燥を使用

○ニンニク、玉ネギは皮をむいてから調理する

○アンチョビはフィレを使用

○オリーブは種なしを使用

○ケイパーとあるのはケイパーの酢漬け

○ホールトマトはトマトの水煮の缶詰

○ヌクマムはベトナムの魚醤

○シーズニングソースはタイやベトナムで使われている
　大豆醤油

○薄力粉、コーンスターチはあらかじめふるっておく

○タスマニアマスタードは
　オーストラリア産の大粒のマスタード

○ナッツ類はローストしたものを使用

○煮切り酒は煮切った日本酒

○ゴマ油とある場合は焙煎ゴマ油を使用

Part 1

ドレッシング

同じような味のものばかりつくりがちな
ドレッシングだが、ちょっとした工夫で
まったく異なる印象のひと皿をつくり出すことができる。
ここでは、サラダ全般に使えるドレッシングの
バリエーションに加え、肉・魚料理にも活用できる
万能ソースも収録した。

ヴィネグレット

シンプルな基本のドレッシング

材料
白ワインヴィネガー…50g
ディジョンマスタード…30g
サラダ油…100g
塩…2g

つくり方
1. 白ワインヴィネガーにディジョンマスタードと塩を加えて泡立て器で混ぜる。塩が溶けたらサラダ油を少量ずつ混ぜていく。

保存方法・期間
冷蔵で1週間保存可能。

使いみち
サラダ全般に用いることができます。
スパイスやハーブ、調味料を加えて
アレンジ可能です。

（紺野 真／オルガン）

野菜のおいしさをダイレクトに楽しむための
シンプルなドレッシング。
カレー粉や煮詰めたバルサミコ酢などを
加えてアレンジすれば、
さまざまな味わいに展開できる。

フレンチドレッシング
まろやかな酸味と玉ネギの甘み

玉ネギとリンゴ酢、ハーブを合わせて
三回煮詰めることで、酸味をまろやかにし、
玉ネギの甘みを存分に引き出している。
生の香味野菜だけでは出せない旨みが特長。

材料

A
- 玉ネギ（1.5cm角に切る）…60g
- リンゴ酢…180ml
- タラゴン（ドライ）…ひとつまみ
- 水…180ml

B
- 玉ネギ（1.5cm角に切る）…60g
- ニンニク…1片
- ディジョンマスタード…12g
- 塩…10g
- 黒コショウ…適量

サラダ油…720ml
水…180ml×3

保存方法・期間
冷蔵で3〜4日間保存可能。

使いみち
「野菜のテリーヌ」（右記）などの野菜料理や、**サラダ**全般に。
（米山 有／ぼつらぼつら）

つくり方

1 鍋に**A**を入れて中火にかける。

2 写真のように煮詰まったら水180mlを加えてさらに煮詰める。

3 再度煮詰まったところ。再び水180mlを加えて煮詰める。

4 3回目の煮詰めが終わったところ。

野菜のテリーヌ
(米山 有／ぽつらぽつら)

さまざまな季節野菜を歯ごたえよくゆで、
トマトからとったクリアなジュで
かためてテリーヌに。
いろいろな色と形が楽しい

つくり方 1人分

1 野菜のテリーヌ(p.194)を厚さ1.5cmに切り出し、冷やした皿に盛る。トマトを5mm角に切ってフレンチドレッシング(左記)で和えたものとベビーリーフを添え、フレンチドレッシングを皿に流す。

5 4に水180mlを加え、沸いたら、火から下ろして冷ます。

6 ミキサーに5とBを入れ、なめらかになるまで回す。

7 サラダ油を3回に分けて加える。加えるたびにミキサーを回し、混ざったら次の分を加えることを繰り返す。

8 できあがりの状態。

燻製パンチェッタと赤ワインヴィネガーのソース

苦みのある葉野菜にぴったり

パンチェッタから出た脂と
赤ワインヴィネガーでつくるドレッシング。
できたてをトレヴィスに注ぐのが
イタリア北部の定番の食べ方。

材料
燻製パンチェッタ…60g
赤ワインヴィネガー…40g
オリーブ油…20ml
塩…少量

つくり方
1. 燻製パンチェッタを長さ3cm、7〜8mm角の棒状に切る。フライパンにオリーブ油を温め、燻製パンチェッタをカリカリになるまでソテーする。
2. 1のフライパンを火から下ろし、すぐに赤ワインヴィネガーを注いで混ぜる。赤ワインヴィネガーがはねて火傷をしたり、蒸気でむせたりするので注意する。塩で味を調える。

保存方法・期間
注文が入るたびにつくり、その都度使い切る。

使いみち
イタリアでは**ラディッキオ・デ・カンポ**（苦みの強い野生のトレヴィス）にかけていました。日本でつくるなら**トレヴィスにかけるのが一番ですが**、**エンダイブ**や**チコリ**など、**苦みの強い葉野菜**であれば合うと思います。
一見重そうですが、赤ワインヴィネガーの割合が多いので、意外にさっぱりとしたサラダになり、**豚スネ肉のオーブン焼き**といった脂っこい料理によく合います。

（永島義国／サローネ2007）

トレヴィスのサラダ
燻製パンチェッタと
赤ワインヴィネガーのソース

（永島義国／サローネ2007）

苦みの強い葉野菜、パンチェッタの燻製香と脂の旨み、
赤ワインヴィネガーの強い酸味が力強い均衡をつくりだす。
さらに、苦みの奥に隠れたトレヴィスの甘みがソースによって
引き出され、いつまでも食べ飽きない。

つくり方 1人分
1. トレヴィス（1/2個）は一口大に切って皿に盛る。できたての燻製パンチェッタと赤ワインヴィネガーのソース（上記のできあがり全量）を熱いうちに回しかける。

シーザードレッシングのもと
シーザーサラダを軽やかに

メキシコにあるシーザーサラダ発祥の店「シーザーズプレイス」の味を参考にして配合を考案したもの。リー・ペリンソースの旨みがきいた軽やかなドレッシング。

材料
A
- ウスターソース(リー・ペリン)…70g
- アンチョビ…80g
- ニンニク…4片

B
- ディジョンマスタード…20g
- マヨネーズ…300g
- E.V.オリーブ油…400ml
- 塩…12g

つくり方
1. ミキサーにAを入れ、なめらかになるまで回す。
2. 1をボウルに移してBを加え、泡立て器で混ぜる。

保存方法・期間
冷蔵で1週間保存可能。

使いみち
「シーザーサラダ」(下記)のドレッシングに。使う際に、ライム汁、パルミジャーノ・レッジャーノとともにロメインレタスを和えます。

(中村浩司／アシエンダ デル シエロ)

シーザーサラダ
(中村浩司／アシエンダ デル シエロ)

シーザーサラダ発祥の店であるメキシコの「シーザーズプレイス」で食べた味を再現している。クリームや牛乳を使わない軽やかなシーザーサラダで、肉料理の付け合わせにもぴったり。

つくり方 1人分
1. ロメインレタス(約1個)は5cm幅の斜め切りにし、シーザーサラダドレッシングのもと(上記、45ml)とライム汁($\frac{1}{8}$個分)、パルミジャーノ・レッジャーノのすりおろしで和える。
2. 皿に盛ってクルトンを散らし、パルミジャーノ・レッジャーノのすりおろしと黒コショウをふる。

ソース・アンショワイヤード（アンチョビ入りドレッシング）
旨みと酸味をきかせたヴィネグレット

アンチョビを加えたヴィネグレット。
アンチョビの塩気と旨み、
ヴィネガーの酸味をしっかりときかせて
輪郭のはっきりとした味わいに。
サラダにも肉、魚料理にもよい
使い勝手抜群のソース。

材料
アンチョビ…14枚
黒オリーブ…15g
ニンニク…1/2片
シェリーヴィネガー…20g
E.V.オリーブ油…150g

つくり方
1 ミキサーにE.V.オリーブ油以外の材料を入れ、なめらかになるまで回す。
2 1に、E.V.オリーブ油を少量ずつ加え、その都度攪拌する。

保存方法・期間
冷蔵で1週間保存可能。

使いみち
何にでも使える万能ソースです。野菜料理なら、**グリルした野菜**に添えたり、**サラダ**のドレッシングにするとよいです。魚は、**白身**にも**青魚**にも合います。**ヒラメ**や**舌ビラメ**を骨付きのまま焼いたものとは特に相性がよいでしょう。肉は**牛**、**豚**、**鶏**、**鴨**、**仔羊**など、幅広く合わせることができます。
（荒井 昇／レストラン オマージュ）

パプリカと夏野菜のサラダ ソース・アンショワイヤード
（荒井 昇／レストラン オマージュ）

香草入りのオイルでマリネしたパプリカを
アンチョビの旨みがきいた
ヴィネグレットで食べさせるサラダ。
夏野菜をたっぷりと盛り合わせて
色どり美しく仕上げている。
（つくり方→p.194）

マナガツオのポワレ
ソース・アンショワイヤード添え
(荒井 昇／レストラン オマージュ)

繊細な身質のマナガツオを、主に皮目から火を入れて、
皮はパリパリ、身はしっとりとしたポワレに。ソースには、
アンチョビのコクとヴィネガーの酸味がきいたヴィネグレットを。
(つくり方→p.195)

Part | ドレッシング 17

海老のジュのヴィネグレット

エビの旨みを加えたヴィネグレット

エビの頭からとったエキスを加えた
ヴィネグレット。エビはオマールを使ったが、
カニや他のエビでも
十分においしいものがつくれる。

材料

オマールのジュ…下記分量より30g
 オマールの頭*…600g
 玉ネギ(薄切り)…1個分
 ニンジン(薄切り)…1本分
 セロリ(薄切り)…2本分
 ニンニク(横半分に切る)…1株分
 タイム…2枝
 ローリエ(生)…2枚
 トマトペースト…100g
 コニャック(アルコール分を飛ばしたもの)…60ml
 白ワイン…150ml
 オリーブ油…適量
ヴィネグレット(p.197)…200g

＊オマールがなければ、カニのミソと甲羅、甘エビや車エビなどのエビ類の頭でもよい。

つくり方

1 オマールのジュをつくる。
① フライパンにオリーブ油をひいて強火にかけ、オマールの頭を木ベラなどでつぶしながら香ばしい香りが立つまで10〜15分間炒める。
② 鍋に①とそれ以外の材料を入れて火にかける。
③ 沸騰寸前に火を弱めてアクを取り除く。弱火で約40分間煮て、漉す。
2 ボウルに冷ましたオマールのジュとヴィネグレットを入れ、ハンドブレンダーで混ぜて乳化させる。

保存方法・期間

冷蔵で1週間、冷凍で1ヶ月間保存可能。

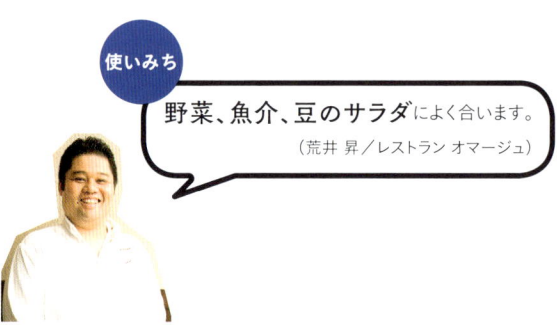

使いみち

野菜、魚介、豆のサラダによく合います。

(荒井 昇／レストラン オマージュ)

コンフィチュールドレッシング
野菜の自然な風味を生かす味

野菜のコンフィチュールを使用した
ドレッシング。無農薬野菜のサラダに
用いている。自然な甘みのある
コンフィチュールを使っており、その甘みが
無農薬野菜ならではの風味を生かし、
野菜本来の甘みをより引き立てる。

材料
A ┃ 玉ネギ（粗みじん切り）…300g
　┃ トマトのコンフィチュール*…800g
　┃ シェリーヴィネガー…100g
　┃ E.V.オリーブ油…150g
ライム汁…少量
塩…8g

＊「confiture fumi（コンフィチュール フミ）」（奈良県吉野）のものを使用。玉ネギやホオズキといった野菜のコンフィチュールにも力を入れている。

つくり方
1 ボウルに**A**を入れ、ハンドブレンダーでなめらかになるまで攪拌する。
2 ライム汁と塩で味を調える。

保存方法・期間
冷蔵で20日間保存可能。

使いみち
無農薬栽培の葉野菜を中心に、旬の野菜を組み合わせた**サラダ**のドレッシングに使っています。ここではトマトのコンフィチュールを使いましたが、甘さ控えめなマーマレードジャムや柚子茶を用いてもいいと思います。
（横山英樹／(食)ましか）

ヴィネグレット　バルサミコ入り
基本のドレッシングにコクをプラス

シンプルなドレッシングに、
バルサミコ酢とハチミツを煮詰めたものを
加えてコクをプラスしている。

材料
ヴィネグレット(p.11)…30g
バルサミコソース*…5g

＊バルサミコソースのつくり方：バルサミコ酢（200ml）にハチミツ（7.5ml）を加えて火にかける。沸いたら弱火にし、とろみがつくまで煮詰める。

つくり方
1 ヴィネグレットとバルサミコソースを混ぜ合わせる。

保存方法・期間
冷蔵で1週間保存可能。

使いみち
サラダ全般に幅広く使えます。
（紺野 真／オルガン）

Part ドレッシング　19

肉のジュのヴィネグレット

煮詰めた鶏のだしを加えたヴィネグレット

煮詰めて旨みを凝縮した鶏のだしを加えたヴィネグレット。
濃厚な旨みを強い酸味で締めている。
ソース自体が完成されたおいしさで、合わせる素材を選ばない。

材料
ジュ・ド・ヴォライユ…下記分量より30g
- 鶏ガラ…6kg
- エシャロット…12g
- ニンニク…40g
- 水…12L

ヴィネグレット(p.197)…200g

つくり方

1 ジュ・ド・ヴォライユをつくる。
① 鍋に湯(分量外)を沸かし、鶏ガラをくぐらせる。冷水にとり、流水でよく洗う。
② 別の鍋に①とその他の材料を入れ、85℃のスチームコンベクションオーブンで約10時間加熱する。
③ ②を漉し、鍋に入れる。弱火にかけ、アクを取り除きながら約 $\frac{1}{10}$ 量になるまで4時間ほど煮詰める。

2 1を冷ましてボウルに入れる。ヴィネグレットを加え、ハンドブレンダーで混ぜて乳化させる。

保存方法・期間
冷蔵で1週間、冷凍で1ヶ月間保存可能。

使いみち

ソース自体の旨みが強く、**どんな素材に合せてもおいしい**料理になります。**野菜ならゆでたり焼いたりしたもの**に添えるとよいです。魚なら、**イサキやアマダイのポワレ**などには特によく合います。肉料理に使う場合は、ハーブやスパイスを加えて使うとよいです。**牛**には山椒の実や木の芽、**豚**には生のローリエ、**鶏**にはセージ、**ハト**には八角といった風に、合わせる肉によって加えるスパイスやハーブを変えてください。
これらのハーブやスパイスは、工程**1**の③で煮詰め終わった後に加え、ひと煮立ちさせてから火から下ろしてください。

(荒井 昇／レストラン オマージュ)

ヴィネグレット　しょうが入り
ショウガと柑橘ですっきりと

シンプルなヴィネグレットに、
ショウガと柑橘のさわやかさをプラス。
すっきりとしたドレッシングになる。

材料

A ┌ ショウガの搾り汁…25g
　│ オレンジマーマレードジャム…70g
　│ 赤ワインヴィネガー…60ml
　│ 白ワインヴィネガー…40ml
　│ ディジョンマスタード…60g
　└ 塩…4g
E.V.オリーブ油…300g

つくり方

1 Aをボウルに入れ、泡立て器で混ぜて塩を溶かす。
2 1を、泡立て器で攪拌しながら、E.V.オリーブ油を少量ずつ加える。

保存方法・期間

冷蔵で1週間保存可能。

使いみち

さっぱりした味わいの**サラダ**に仕立てたいときに使うとよいです。ショウガと相性のよい素材に向いており、生や半生の魚介（**白身魚の刺身、ホタテ貝柱、イカ、タコ**など）や**炙った魚**を入れたサラダによく合います。オレンジが入っているので、柑橘類を加えたサラダとも相性がよいです。

（紺野 真／オルガン）

ヌクチャムドレッシング
ベトナム風味のドレッシング

ベトナムで最もポピュラーなタレである
ヌクチャムにガーリックオイルを加えて、
ドレッシングにアレンジ。

材料

ヌクチャム（p.150）…大さじ3
ガーリックオイル（p.72）…大さじ1

つくり方

1 ヌクチャムとガーリックオイルを混ぜ合わせる。

保存方法・期間

冷蔵で2〜3日間保存可能。

使いみち

かけるだけで普通のサラダがベトナム風になるドレッシング。**生野菜のサラダ**にはもちろん、さっとゆでた**もやしとゆで鶏のサラダ**、**豚しゃぶのサラダ**など、ゆでた肉と野菜を組み合わせたサラダにもよく合います。

（足立由美子／マイマイ）

Part｜ドレッシング

香菜ドレッシング
夏にぴったりのさわやかな香り

材料
香菜（粗くきざむ）…100g
フランボワーズヴィネガー…25g
白ワインヴィネガー…25g
中国淡口醤油（生抽王）…25g
E.V.オリーブ油…100g

つくり方
フードプロセッサーに材料をすべて入れてなめらかになるまで回す。

保存方法・期間
香菜の色が変わりやすく、傷みやすいので、つくったその日のうちに使い切る。

香菜をたっぷりと使った
さわやかな香りのドレッシング。
暑い時期のサラダに使えば、
この上ない涼味を演出することができる。

使いみち ナスと万願寺トウガラシのサラダ（下記）のような、夏野菜をグリルして盛り合わせたサラダにぴったりです。
（西岡英俊／レンゲ エクリオシティ）

ナスと万願寺トウガラシのサラダ
（西岡英俊／レンゲ エクリオシティ）

直火で炙った夏野菜を、香菜たっぷりのドレッシングで和えた冷前菜。香菜のさわやかな風味が、夏の陽をたっぷりと浴びた野菜の勢いのある旨さをぐっと引き立てる。

つくり方 2人分
焼ナス（180g）、直火で網焼きしたオクラと万願寺トウガラシ（各3本）を食べやすい大きさに切り、香菜のドレッシング（60g）で和える。

シンプルサラダドレッシング

ベトナムのさっぱりドレッシング

ベトナムでは、これが生野菜サラダの
定番ドレッシング。東南アジアの大豆醤油、
シーズニングソースに、酢、砂糖、塩、
コショウを加えたシンプルな構成だ。
油は入らないので、
さっぱりとした味わいになる。

材料

A ┌ シーズニングソース…15ml
  │ 米酢…30ml
  │ グラニュー糖…小さじ4
  │ 塩…小さじ1/4
  └ 黒コショウ…適量
フライドオニオン（好みで）*…適量

＊東南アジア産の小さな赤玉ネギを揚げたもの。タイ・ベトナム食材を扱う店で入手可能。

つくり方

1 Aの調味料をすべて混ぜ、使うときにフライドオニオンをトッピングする。

保存方法・期間

使うたびにつくり、その都度使い切る。

使いみち

ベトナムではキュウリ、玉ネギ、トマト、レタスといった
ベーシックな**生野菜サラダ**にかけることが
多いです。**キュウリのサラダ、
新玉ネギとレタスのサラダ、
香菜のサラダ、シンプルな
葉野菜のサラダ**など、野菜中心のサラダにおすすめ。
油が入らないさっぱりとしたサラダになるので、
揚げものに添えるのにもぴったり。
箸やすめの役割を担うサラダがつくれる
ドレッシングだと思っています。フライドオニオンを
トッピングしてコクを添えましたが、
使わずによりさっぱりとした味わいにしてもおいしいです。

（足立由美子／マイマイ）

ヴィネグレット　カレー粉入り

エキゾチックな味わいを出したいときに

カレー粉とマーマレードジャムを加えた
ドレッシング。サラダにエキゾチックな
味つけがほしいときや、コク、
甘みを出したいときに使うとよい。

材料

A ┃ カレー粉…1.5g
　 ┃ オレンジマーマレードジャム…45g
　 ┃ ニンニクのコンフィ(p.110)…4片
　 ┃ 赤ワインヴィネガー…60ml
　 ┃ 白ワインヴィネガー…80ml
　 ┃ ディジョンマスタード…90g
　 ┃ 塩…3g
E.V.オリーブ油…200g

つくり方

1. Aをボウルに入れ、塩が溶けるまで泡立て器で混ぜる。
2. 1にE.V.オリーブ油を少量ずつ加えながら泡立て器で攪拌する。

保存方法・期間

冷蔵で1週間保存可能。

使いみち

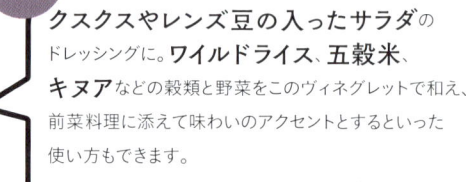

クスクスやレンズ豆の入ったサラダのドレッシングに。**ワイルドライス、五穀米、キヌア**などの穀類と野菜をこのヴィネグレットで和え、前菜料理に添えて味わいのアクセントとするといった使い方もできます。

（紺野 真／オルガン）

ピリ辛チリソースドレッシング

まろやかな辛みと酸味

辛いなかにも甘みと酸味が感じられる
ドレッシング。ホットチリソースが
入っているので、ややとろみがある。
丸みのあるおだやかな辛さで、
さっぱりとした素材と相性がよい。

材料

A ┃ ホットチリソース*…5ml
　 ┃ ヌクマム…15ml
　 ┃ ニンニク(みじん切り)…小さじ1
　 ┃ レモン汁…45ml
グラニュー糖…大さじ2
湯…15ml

＊赤トウガラシ、ニンニク、赤玉ネギなどでつくられる東南アジアの辛いソース。タイやベトナム食材を扱う店で入手可能。

つくり方

1. グラニュー糖を湯に溶かす。
2. 1とAを混ぜ合わせる。

保存方法・期間

冷蔵で3〜4日間保存可能。

使いみち

マイマイで**ハスの茎のサラダ**に使っているドレッシングです。ハスの茎はベトナムから瓶詰のものが輸入されていますが、**レンコン**を薄切りにしてさっとゆでたサラダにかけてもよいです。**エビやイカ**などの魚介類との相性も抜群。**蒸し鶏やゆで鶏のサラダ、ダイコンとカニのサラダ、セロリのサラダ**などにもおすすめです。

（足立由美子／マイマイ）

辛みドレッシング
辛いもの好きのための

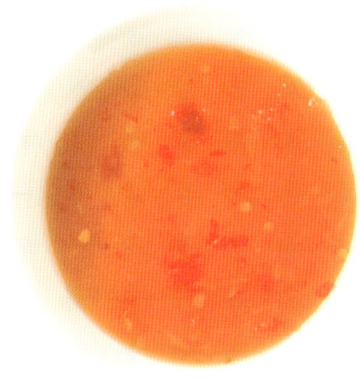

生のトウガラシを使う辛みの強い
ドレッシング。材料を叩きつぶしてつくる
東南アジアのテクニックを使い、
トウガラシと香菜の弾けるような香りと
味わいを引き出す。

材料
A［赤トウガラシ(生)…5本
　香菜の茎または根(好みで)…5g
　ニンニク…30g
　ライム汁…50ml
　グラニュー糖…大さじ4］
ヌクマム…90ml

つくり方
1 ボウルやすり鉢などにAを入れ、すりこぎで叩いてつぶす。
2 1にヌクマムを加えて混ぜる。

保存方法・期間
冷蔵で3〜4日間保存可能。

使いみち
辛みが強いので、脂っぽいものや苦いものと相性がよく、魚介類ともよく合います。**ヤム・ウンセン**(タイの春雨サラダ)の和えダレや、**ゴーヤとエビのサラダ、ゴーヤと豚バラ肉のサラダ、青パパイヤのサラダ、イカとセロリのサラダ**のドレッシングに最適。ガーリックオイル(p.72)と組み合わせて使ってもよいです。

(足立由美子／マイマイ)

サテードレッシング
辛みとさわやかな香り

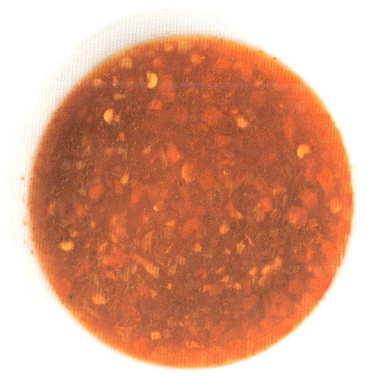

サテーはレモングラスとニンニク、
赤トウガラシの入ったベトナムの香味油。
これにレモンなどを加えてドレッシングに。
さわやかな香りと辛さを楽しめる。

材料
サテー(p.153)…10ml
ホットチリソース(左記)…20ml
ヌクマム…15ml
グラニュー糖…小さじ1.5
レモン汁…30ml

つくり方
1 材料をすべて混ぜ合わせる。

保存方法・期間
冷蔵で1〜2日間保存可能。

使いみち
白身魚の刺身と野菜やハーブ(ミント、赤玉ネギ、つまみ菜など)を和えた**サラダ**の和えダレに使っています。刺身は**イカ、タコ、エビ**でもおいしいです。また、**白身魚、イカ、エビのフリット**のつけダレにもぴったり。**イカゲソの唐揚げやさつま揚げ**にもよく合います。

(足立由美子／マイマイ)

Part 1　ドレッシング　25

Part 2
マヨネーズ・卵黄ベース

マヨネーズは卵黄の乳化作用を利用したソースの代表格。調味料や香味野菜を混ぜるだけでさまざまにアレンジできるところが頼もしい。ここでは、マヨネーズベースのソースに加え、卵黄を用いたさまざまな料理ジャンルのソースをご紹介する。

マヨネーズ
香りのよい酢を使って上品な味わいに

材料
卵黄…1個
ディジョンマスタード…15g
シェリーヴィネガー…10g
A*┌ ピーナッツオイル…100g
 └ E.V.オリーブ油…100g
塩…2つまみ
白コショウ…適量

＊Aは混ぜ合わせ、口の細い容器に入れておく。

保存方法・期間
冷蔵で2週間保存可能。

油は少量ずつ加え、泡立て器は必ず同じ方向に動かすこと。途中で混ぜる方向を変えたり手を止めたりすると、きちんと乳化せず、分離しやすくなる。

使いみち
市販のマヨネーズ同様にさまざまな料理に使ってください。
（荒井 昇／レストラン オマージュ）

つくり方

1　ボウルに卵黄、ディジョンマスタード、シェリーヴィネガーを入れる。

2　塩を加え、白コショウを挽く。

3　泡立て器でかき混ぜる。

4　完全に混ざったら、かき混ぜ続けながら**A**の油を数滴加える。油を加え始めたらマヨネーズが完成するまで泡立て器を動かす方向を変えず、手を止めないこと。

5　完全に乳化したら、同じ方向にかき混ぜ続けながら、油をさらに数滴加える。油の半量を混ぜ終えるまで、このように数滴ずつ加えることを根気よく繰り返す。

6　油を1/3量ほど混ぜ終えた状態。ややかたくなってきた。

7　油の半量を混ぜ終わったら、1回に加える油の量を少しだけ増やす。かき混ぜ続けながら、糸をたらすようにさらに油を少量加える。

8　完全に乳化したら、かき混ぜ続けたまま、油を**7**同様にさらに少量加える。

9　**8**で加えた油が完全に乳化したところ。さらに、この作業を油がなくなるまで根気よく繰り返す。

10　油をすべて混ぜ終わったところ。このようになめらかな状態になるよう、しっかりと乳化させることが重要。

タルタルソース

具材たっぷり、食べごたえ十分

自家製マヨネーズにゆで卵や玉ネギなどを
たっぷりと混ぜ込んだ、食べごたえのある
タルタルソース。ケイパーの酸味が
さわやかさを添え、コルニションの
パリパリとした食感が小気味よい。

材料
マヨネーズ(p.26)…15g
ゆで卵(完熟、みじん切り)…1/2個分
玉ネギ(みじん切り)…1/4個分
ケイパー(みじん切り)…5g
コルニション*(みじん切り)…20g
イタリアンパセリの葉(みじん切り)
　…適量

＊小型キュウリのピクルス。

つくり方
1　ボウルに材料をすべて入れて混ぜる。

保存方法・期間
当日中に使い切る。

使いみち
定番の使いみちとしては**フライ**や**サンドイッチ**などが
ありますが、**前菜**や**アミューズ**に用いることもあります。
たとえば小さなグラスにブランダード(p.79)、
タルタルソース、ガスパチョを層状に重ねれば、
食感も色味も楽しいアミューズになります。

（荒井 昇／レストラン オマージュ）

干し貝柱とエシャロットのタルタルソース

香ばしく軽やかな食感のトッピングをのせて

タルタルソースに、こんがりと揚げた
干し貝柱とエシャロット、
ローストヘーゼルナッツをトッピング。
旨み、コク、香ばしさ、カリカリとした食感が
加わった楽しい味わいに。

材料
タルタルソース(上記)…適量
トッピング…下記すべて適量
　干し貝柱
　エシャロット
　ヘーゼルナッツ
　揚げ油

つくり方
1　トッピングをつくる。
①　干し貝柱は約1時間浸水して戻す。軽
　くほぐして水気を拭き、160℃の揚げ
　油で5〜6分間揚げる。
②　エシャロットは薄切りにして160℃の
　揚げ油でこんがりと揚げる。
③　ヘーゼルナッツは180℃のオーブン
　で3〜5分間ローストする。
2　提供時にタルタルソースにトッピング
　をのせる。

保存方法・期間
タルタルソースと干し貝柱は当日中に使
い切る。ヘーゼルナッツは冷蔵で1週間
保存可能。

使いみち
タルタルソース(上記)に香ばしい具材をトッピングして
印象を変えました。**上記のタルタルソースと
同様**に用いる他、**ローストチキン、ゆで鶏、
魚のポワレ**に添えてもよいです。

（荒井 昇／レストラン オマージュ）

テット・ド・フロマージュのフライ 干し貝柱とエシャロットのタルタルソース添え

（荒井 昇／レストラン オマージュ）

豚の頭のテリーヌである
テット・ド・フロマージュをひと口サイズの
フライにし、フライとも
テット・ド・フロマージュとも好相性の
タルタルソースを添えている。
トッピングのカリカリ感、
ゼラチンのねっとり感、頭肉の弾力と
食感のバラエティも楽しいひと皿。

材料 1人分

テット・ド・フロマージュ…以下分量より
　3.5cm角に切り出したもの1個
　豚の頭…1頭分
　玉ネギ（縦半割り）…1個
　ニンジン（縦半割り）…1本
　セロリ（半分の長さに切る）…1本
　エシャロット（みじん切り）…1個
　マッシュルーム（みじん切り）…1kg
　白ワイン…適量
　粒マスタード…120g
　シェリーヴィネガー…50ml
　塩…ひとつまみ
干し貝柱とエシャロットのタルタルソース
　（左記）…適量
薄力粉、溶き卵、パン粉…各適量
オリーブ油、揚げ油…各適量
塩、コショウ…各適量

つくり方

1 テット・ド・フロマージュをつくる。
① 豚の頭は骨を取り除き、バーナーで表面の毛を焼く。流水できれいに洗う。
② 鍋に①を入れ、塩とたっぷりの水を加えて沸かす。アクを取り除き、玉ネギ、ニンジン、セロリを加えて落し蓋をし、豚の頭がやわらかくなるまで弱火で約1時間半煮る。
③ ②は漉して豚の頭と煮汁に分け、野菜は捨てる。豚の頭は粗みじん切りにする。煮汁は漉して、約100mlになるまで煮詰める。
④ 鍋にオリーブ油を温め、弱火でエシャロットを炒める。しんなりしたら、マッシュルームを加えて中火にする。水気がなくなったら白ワインを香りづけに加え、塩、コショウで味を調える。
⑤ ④に③の煮汁と豚の頭、粒マスタード、シェリーヴィネガーを加えてひと煮立ちさせる。型に入れ、粗熱がとれたら冷蔵庫で冷やし固める。

2 1を3.5cm角に切り出し、薄力粉、溶き卵、パン粉を順につけ、さらに溶き卵、パン粉を順につける。160℃の揚げ油でからっと揚げて油を切る。

3 2を皿に盛り、干し貝柱とエシャロットのタルタルソースをのせる。

タルタルソース

市販のマヨネーズで、安定した味わいに

材料
- ゆで卵(完熟)…20個
- 玉ネギ(みじん切り)…600g
- A
  - マヨネーズ(キユーピー)…2kg
  - ケイパー(酢漬け、粗みじん切り)…100g
  - ケイパーの漬け汁…少量
  - 青ネギ(小口切り)…150g
  - 黒コショウ…少量
- 塩…適量

つくり方
1. ゆで卵はエッグスライサーで切り、向きを90度変えてもう一回切る。
2. 玉ネギは軽く塩をふって20分間ほど置く。さらしに包み、しっかりと水気を絞る。
3. ボウルに1、2、Aを入れ、よく混ぜ合わせる。

保存方法・期間
冷蔵で2週間、冷凍で1ヶ月間保存可能。

あえて市販のマヨネーズを使ってつくっているタルタルソース。市販品を使うからこそ味が安定し、保存性も高まる。玉ネギはさらしでしっかりと搾ることで辛みがおさえられ、食感もよくなる。

使いみち

チキン南蛮(下写真、つくり方→p.135)の他、**カキフライ**や**エビフライ**など、**フライ全般**と相性がいいです。**サンドイッチ**のソースとしても喜ばれます。

(横山英樹／(食)ましか)

チキン南蛮
(横山英樹／(食)ましか)

チキン南蛮にたっぷりとかけて。つくり方→p.135

ハラペーニョタルタル

辛いタルタルソース

ハラペーニョ入りの変わりタルタルソース。さわやかな辛さが特徴だ。香菜を加えて、彩りと香りを添える。

材料
- ゆで卵（完熟、みじん切り）…6個分
- ハラペーニョ（酢漬け、みじん切り）…50g
- マヨネーズ…500g
- 香菜（みじん切り）…20g
- 玉ネギ（みじん切り）…100g

つくり方
1. ボウルに材料をすべて入れて混ぜる。

保存方法・期間
冷蔵で2〜3日間保存可能。

使いみち
変わりタルタルソースとして、**フライ**、**フリット**、**唐揚げ**に添えて使います。**揚げもの**であれば、具材は**野菜**、**肉**、**魚**、何にでも合います。お好みで、スパイスを加えてもよいでしょう。

（中村浩司／アシエンダ デル シエロ）

ガーリックマヨ

アイヨリの味わいを手軽につくり出せる

おろしニンニクと柑橘の搾り汁を加えたマヨネーズソース。つくり方は簡単だが、アイヨリの味わいが出る。柑橘はライムならアジア風に、レモンだとより酸味が立って欧風の味わいになる。

材料
- マヨネーズ*…200g
- ニンニク（すりおろし）…大1片分
- ライム汁（レモン汁）…1/8個分

＊「リアルマヨネーズ」（ベストフーズ）を使用。

つくり方
1. マヨネーズにニンニクを加えて混ぜる。
2. 1に、ライム汁（レモン汁）を加えて軽く混ぜる。

保存方法・期間
冷蔵で4〜5日間保存可能。

使いみち
フリットとは鉄壁の相性のよさ。どのような具材にも合うと思いますが、魚介類なら**白身魚**や**イカ**、**エビ**、野菜なら**カリフラワー**とは特によく合います。**野菜スティック**（パプリカ、ニンジン、キュウリなど）に添えてもよいでしょう。また、**フライドポテト**や丸ごと焼いたり蒸したりゆでたりした**じゃがいも**に添えて食べるのも最高。**ホワイトアスパラガスの缶詰**に添えれば、ちょっとした酒のあてになります。きざんだ香菜やディルを加えると、また違った味わいになりますので、お好みで試してみてください。

（足立由美子／マイマイ）

塩玉子のタルタルソース
中華食材で、コクのある味わいに

材料
鹹蛋(シェンタン)の卵黄*…5個
全卵…1個
綿実油…200ml
A ┌ ザーサイ(みじん切り)…20g
  │ シェリーヴィネガー…15g
  └ 花椒…少量

＊鹹蛋はアヒルや鶏の卵を塩水に漬けた発酵食品。ここでは中国から輸入されている加熱済みの卵黄の冷凍品を使用。

つくり方
1 全卵と綿実油をボウルに入れ、ハンドブレンダーで攪拌して乳化させる。
2 鹹蛋の卵黄を5分間蒸してほぐす。
3 1に2とAを加えて混ぜる。

保存方法・期間
冷蔵で3日間保存可能。

タルタルソースに中国食材を加えてアレンジ。ねっとりとした塩玉子の濃厚さと、ザーサイの円熟味のある塩味がきいたコクのある変わりタルタルソースとなる。

使いみち
フリットによく合うので「**ハマグリのフリット 塩玉子のタルタルソース添え**」(右記)に使っています。具材はハマグリ以外なら、**カキ**のように旨みのある貝類や、**金目鯛**のようにコクのある白身魚でもよいと思います。
(西岡英俊／レンゲ エクリオシティ)

焼豚バーガー
(西岡英俊／レンゲ エクリオシティ)

焼豚を甜麺醤ソース(p.146)と塩玉子タルタル(上記)とともにバンズではさんだ中華風グルメバーガー(つくり方→p.147)

ハマグリのフリット
塩玉子のタルタルソース添え
（西岡英俊／レンゲ エクリオシティ）

ハマグリは軽やかなフリットにし、衣の中にジューシーな旨みを閉じこめる。濃厚なコクのあるタルタルソースが、ハマグリの旨みを引き立てる。

材料 1人分
ハマグリ*…1個
塩玉子のタルタルソース（左記）…適量
フリットの衣…下記より適量
　薄力粉…100g
　インスタントドライイースト…3g
　グラニュー糖…1g
　水…120ml
ベビーリーフ…適量
揚げ油…適量

＊70〜80℃で加熱後、真空パックにしたものを使用。

つくり方
1 フリットの衣をつくる。ボウルに薄力粉、インスタントドライイースト、グラニュー糖を入れて混ぜ、水を加えて泡立て器で混ぜる。ラップで蓋をし、冷蔵庫で半日発酵させる。
2 ハマグリは身を殻から取り出し、殻は盛りつけに使うので取り置く。身は薄力粉（分量外）をハケではたきつけ、1にくぐらせる。180℃の揚げ油でからりと揚げてフリットにし、油を切る。
3 器にベビーリーフを敷き、その上に取り置いたハマグリの殻を置く。殻に2のフリットをのせ、塩玉子のタルタルソースを添える。

Part 2　マヨネーズ・卵黄ベース

ミントと自家製ドライトマトのタルタル
さわやかな酸味と香り

ミントの香りとドライトマトの酸味、異なる2種のさわやかさをプラスした夏にうってつけのタルタルソース。

材料
- ゆで卵…2個
- 玉ネギ(みじん切り)…1/2個分
- ケイパー(みじん切り)…大さじ1
- A
  - 自家製ドライトマト(p.197、みじん切り)…3個分
  - マヨネーズ…50g
  - ディジョンマスタード…小さじ1
  - 白ワインヴィネガー…10ml
  - コショウ…適量
- ミント…1人分あたり2枚

つくり方
1. ゆで卵は裏漉しする。
2. 玉ネギとケイパーはキッチンペーパーに包んで水気を絞る。
3. 1、2、Aを混ぜ合わせる。提供時、ミントをせん切りにしてのせる。

保存方法・期間
冷蔵で3〜4日間保存可能。

使いみち
「帆立とズッキーニのフライ ミントと自家製ドライトマトのタルタル添え」(下記)に使っています。**白身魚の揚げもの**にもよく合います。**スティック野菜**にマヨネーズ代わりに添えてもよいと思います。

(米山 有/ぽつらぽつら)

帆立とズッキーニのフライ
ミントと自家製ドライトマトのタルタル添え
(米山 有/ぽつらぽつら)

ホタテとズッキーニを薄切りにし、交互に重ねてフライに。
ミントとトマトのさわやかさをプラスしたタルタルソースを合わせ、
重くなりがちな揚げものに軽やかさを添えている。

材料 1人分
- ホタテ貝柱…1個
- ズッキーニ…適量
- ミントと自家製ドライトマトのタルタル(上記)…適量
- 薄力粉、溶き卵、パン粉…各適量
- 揚げ油…適量

つくり方
1. ホタテ貝柱は厚みが3等分になるようにスライスする。
2. ズッキーニは、1でスライスしたホタテと同じ厚みの輪切りを2枚用意する。
3. 2の両面にハケで薄力粉を薄くまぶす。ホタテとズッキーニを、ホタテが両端になるように交互に重ねる。
4. 3にハケで薄力粉を薄くまぶし、溶き卵にくぐらせ、パン粉をまぶし付ける。180℃の揚げ油でこんがりと揚げて油を切る。
5. 皿に4を盛り、ミントと自家製ドライトマトのタルタルを器によそって添える。

Part 2 マヨネーズ・卵黄ベース

柚子こしょうマヨ

マヨネーズにさわやかな辛みと酸味をプラス

材料
- ユズコショウ…10g
- マヨネーズ*…120g
- レモン汁…5ml

＊「リアルマヨネーズ」(ベストフーズ)を使用。

つくり方
1. 材料をすべて混ぜ合わせる。

保存方法・期間
冷蔵で1〜2日間保存可能。

マヨネーズにユズコショウを混ぜて、さわやかな辛さのあるマヨネーズソースに。レモンのキレのある酸味を加えることで、どこの国のものともつかない異国の風味が生まれる。

使いみち
サンドイッチに、バターやマーガリンの代わりに使うとよいです。具材はカリカリに焼いた肉(鶏肉や塩豚など)がよく合います。揚げもののディップにしてもよく、フライドポテト、フィッシュ＆チップス、イカのフリット、鶏やイカゲソの唐揚げなどとも相性抜群です。

(足立由美子／マイマイ)

鶏モモ肉のカリカリ焼きのバインミー

(足立由美子／マイマイ)

バインミーはベトナムのサンドイッチ。これは鶏の揚げ焼きをヌクマムベースのタレにからめ、なますとともにフランスパンにはさんだもの。柚子こしょうマヨのまろやかな旨みとさわやかな辛さがカリカリの鶏肉によく合う。

材料 2人分
- フランスパン(16〜20cm)*…2本
- 鶏モモ肉…1枚(約250g)
- 柚子こしょうマヨ(上記)…大さじ2
- ヌクマムソース(p.158)…適量
- なます…下記分量より適量
  - ダイコン…250g
  - ニンジン…80g
  - 塩…ひとつまみ
  - 甘酢
    - 米酢…50ml
    - グラニュー糖…大さじ3
    - 水…30ml
- マーガリン…大さじ2
- 赤トウガラシ(生、小口切り)…適量
- 香菜…適量
- シーズニングソース…適量
- 黒コショウ…適量
- サラダ油…適量

＊皮が薄くパリパリとして、中がふかふかしたものがよい。ヤマザキ製パン「スペシャルパリジャン」(長さ36cm)などの大手製パン会社のフランスパンか、昔ながらのパン屋さんのフランスパンが向いている。スペシャルパリジャンを使用する場合は1本で2人分。

つくり方

1 なますをつくる。
① 鍋に甘酢の材料を入れて火にかけ、グラニュー糖が溶けたら火から下ろして冷ます。
② ダイコンとニンジンは皮をむく。長さ4〜5cmの拍子木切りにし、塩をまぶして約5分間おく。
③ ②の水気を絞る。①の甘酢に30〜40分間漬け、水気を切っておく。

2 フライパンに高さ1cmほどサラダ油を入れて温め、鶏モモ肉を片面ずつじっくりと揚げ焼きにして油を切る。

3 **2**を熱いうちにヌクマムソースにさっとくぐらせてすぐに取り出し、縦に半分に切る。

4 フランスパンは180℃のオーブンで5〜6分間温める。

5 **4**に水平に切り込みを入れ、切り込みの上下の面にマーガリンを塗る。**3**の鶏モモ肉をはさみ、肉に柚子こしょうマヨ、なますを順にのせる。黒コショウをふり、赤トウガラシと香菜をのせ、シーズニングソースをかける。

Part**2** マヨネーズ・卵黄ベース

ポテチ入りツナマヨソース
ちょっとジャンクで懐かしい味

材料
ポテトチップス…200g
ツナ(缶詰)…185g
マヨネーズ(キユーピー)…100g

つくり方
1. ツナとマヨネーズを混ぜ合わせる。
2. ポテトチップスを加え、ほどよくくだけるまで混ぜ合わせる。

保存方法・期間
冷蔵で2日間保存可能だが、できたてがもっともおいしい。

ごく簡単につくれるソースとして、覚えておくと便利。ポテトチップスのパリパリ感が残るできたてが一番おいしい。ポテトチップスはうす塩味の他、さまざまな種類を使ってバリエーション展開できる。

使いみち
子供の頃、母がつくってくれた思い出の味です。**サンドイッチ**のフィリングに最適。簡単につくれるのにこれだけで**そのまま食べても**おいしく、葉野菜に添えれば**ツナマヨサラダ**になりますし、ゆでたジャガイモと混ぜて**コロッケ**にしてもよいです。

(横山英樹／(食)ましか)

ツナマヨサンド
(横山英樹／(食)ましか)

ポテトチップス入りのツナマヨソース(上記)でつくるサンドイッチ。時間がたって、ポテトチップスがしっとりしてもおいしい。お好みでレタスを加えるとさらに食感に変化が出る。

つくり方 1人分
1. 食パン(2枚)は耳を切り落とし、片面にバターと練りからしを塗る。
2. 1でポテチ入りツナマヨソース(上記、100g)をはさむ。

サルサ・トンナータ（ツナのソース）
イタリアのなめらかなツナソース

材料
ツナ（缶詰）…260g
ケイパー…10g
アンチョビ…10g
白ワインヴィネガー…30g
マヨネーズ*…170g

＊マヨネーズのつくり方：ボウルに全卵1個、卵黄2個、サラダ油400ml、塩4g、白ワインヴィネガー30gを入れ、ハンドブレンダーで攪拌する。

つくり方
ボウルに材料をすべて入れ、ハンドブレンダーでなめらかになるまで攪拌する。

保存方法・期間
冷蔵で3日間保存可能。

イタリア北部・ピエモンテ州の伝統的なツナとマヨネーズのソース。
なめらかなペースト状で、肉に添えるのが定番の使い方。ケイパーの酸味、アンチョビの旨みと塩気が加わることで、味に奥行きが出る。

使いみち
イタリア・ピエモンテ州には、このソースを**仔牛のゆで肉**にかける伝統料理があります。イタリアでは肉以外だと**ゆで卵**にかけているのくらいしか見たことがありませんが、日本のツナマヨと同じように使ってもよいと思います。**ゆでたりローストしたりした豚肉**にも合います。

（岡野裕太／イル テアトリーノ ダ サローネ）

ヌクマムマヨ
揚げものによく合うアジア風マヨネーズディップ

材料
ヌクマム…小さじ1/4
マヨネーズ*…60g
香菜（きざむ）…適量

＊「リアルマヨネーズ」（ベストフーズ）を使用。

つくり方
材料をすべて混ぜ合わせる。

保存方法・期間
冷蔵で2〜3日間保存可能。

マヨネーズにヌクマムを混ぜてアジア風のディップに。マヨネーズのコクにヌクマムの塩気と旨みが加わり、揚げものにぴったりの味わいに。

使いみち
揚げものによく合います。**フライドポテト、鶏肉・小アジやワカサギなどの小魚・イカゲソなどの唐揚げ**と一緒にどうぞ。彩りと香りを添えるために香菜を混ぜましたが、入れなくても十分においしいです。お好みでご調整ください。

（足立由美子／マイマイ）

金華ハムのカスタードクリーム

ハムの旨みがきいた塩味のクリーム

金華ハムの旨みがきいた
しょっぱいカスタードクリーム。
生クリームを加えずにつくるため、
卵の濃厚なコクが感じられる。

材料

金華ハムのコンソメ
　　…下記分量より100ml
　金華ハム…600g
　日本酒…540ml
A ┌ 長ネギ（長さ5cmに切ったもの）
　│　　…4切れ
　│ ショウガ（かたまり）…60g
　│ 水…6L
　│ 鶏ムネ挽肉…1.5kg
　│ 長ネギ（みじん切り）…1本分
　│ ショウガ（みじん切り）…50g
　└ トマト…1個
卵黄…1個
全卵…1個
薄力粉…3g
片栗粉…3g
バター…50g
金華ハム（みじん切り）…3g

つくり方

1　金華ハムのコンソメをつくる。
① 金華ハムを日本酒に浸けて1時間おく。
② 鍋に①と**A**を入れ、100℃のスチームコンベクションオーブンで4時間加熱する。漉して1日やすませる。
③ 液体を静かにすくって漉す。

2　別の鍋に卵黄と全卵を入れて泡立て器で混ぜ、薄力粉と片栗粉を加える。そこに、沸かした金華ハムのコンソメを少しずつ加えながら、ゴムベラでゆっくりと混ぜ合わせる。

3　**2**を弱めの中火にかけ、熱しながら木ベラで練り混ぜる。ふつふつと沸き、卵と粉にしっかりと火が入ったら火から下ろす。

4　**3**が熱いうちにバター、金華ハムを順に加えて混ぜる。

保存方法・期間
冷蔵で2日間保存可能。

使いみち

焼いたパイ生地に**果物**（イチジクなど）とともにはさみ、**デザートのように見える前菜**に仕立て、意外性を演出するといった使い方をしています。**春巻きのあん**に使ったり、クラッカーやカリカリに焼いたバゲットなどを添えて**そのまま食べて**もらってもよいでしょう。

（西岡英俊／レンゲ エクリオシティ）

しょうがとペルノーのソース・ムースリーヌ

エキゾチックでさわやかな味わい

エシャロットをショウガに、白ワインをペルノーに置き換えたソース・ムースリーヌ。エキゾチックでさわやかな味わいになる。

材料

- ショウガ（薄切り）…4枚
- ペルノー…30〜40ml
- ハチミツ…5ml
- 卵黄…2個
- 溶かしバター…20g
- レモン汁…15ml
- 生クリーム（乳脂肪分38％）…60ml
- A ┌ ディルの葉（きざむ）…1枝分
    │ タラゴンの葉（きざむ）…½枝分
    └ チャービル（きざむ）…½枝
- 水…60ml
- 塩…適量

保存方法・期間

時間がたつと気泡が消えてしまうので、温かい料理に添える場合は使うたびにつくり、その都度使い切る。余ったら冷やしておき、サラダやマリネといった冷製料理の和えるソースとして翌日まで使うことができる（p.43）。

使いみち

アスパラガスに、定番のオランデーズソースの代わりにこのソースを合わせ、「ホタテのグリエとアスパラガス　しょうがとペルノーのソース・ムースリーヌ」(p.42)として提供しています。エビやホタテなどの魚介類や、ブロッコリー、サヤインゲン、空豆などの緑色の野菜とも相性がよいです。余ったら冷やし、「アボカド、エビ、しょうがとペルノーのソース・ムースリーヌのタルタル」(p.43)のように野菜や魚介を和え、マリネや冷前菜に用いることができます。

（紺野 真／オルガン）

つくり方

1　鍋にショウガとペルノーを入れて弱火にかけ、水分がなくなって表面が鏡のようにつややかになるまで煮詰める。

2　水を加え、煮詰めたものを溶く。ハチミツと塩を加え、ショウガは取り除く。

3　2の鍋を湯煎にかけ、卵黄を加える。

4　泡立て器で素早くかき立てる。

5 写真のように白っぽくなり、もったりとして角が立つようになったら湯煎から外し、溶かしバターとレモン汁を加え混ぜる。

6 生クリームは10分立てにし、**5**に加える。

7 泡立て器で気泡をつぶさないように注意しながら混ぜる。**A**を加えて混ぜ、塩で味を調える。

ホタテのグリエとアスパラガス しょうがとペルノーのソース・ムースリーヌ

（紺野 真／オルガン）

ゆでたてのアスパラガスとホタテのグリエに、ショウガとペルノー、ハーブを加えたソース・ムースリーヌを添える。アスパラガス料理の定番であるオランデーズソース添えとはひと味ちがった、新鮮な印象のひと皿に。

つくり方 1人分

1 ホタテ貝柱（1個）はバーナーで表面をさっと炙り、E.V.オリーブ油と塩を軽くふる。

2 太めのグリーンアスパラガス（1本）は根元のかたい皮をむく。鍋に香味野菜と水を入れて沸かし、アスパラガスをゆでて火を通す。

3 皿にしょうがとペルノーのソース・ムースリーヌ（p.41、適量）を流し、**1**と**2**を盛る。パルミジャーノのサブレ（p.198）を添える。

アボカド、エビ、しょうがとペルノーの ソース・ムースリーヌのタルタル

(紺野 真/オルガン)

冷やしたソース・ムースリーヌで
アボカドとエビの刺身を和えて冷製の前菜に。
ソースが余ってしまった場合は、
このように活用するとよい。

材料 1人分

アボカド…1/2個
しょうがとペルノーのソース・ムースリーヌ (p.41)…15ml

A
- 赤エビ(1.5cm角に切る)…1尾
- フルーツトマト(1cm角に切る)…1/2個
- リンゴ(5mm角に切る)…少量

ハーブ…各適量
- セルフイユ
- ナスタチウム
- ディル

塩…適量

つくり方

1. しょうがとペルノーのソース・ムースリーヌは冷蔵庫で冷やしておく。
2. アボカドは種を取り除く。種の入っていた穴のまわりをさらにくり抜き、くり抜いた果肉を角切りにする。
3. 2で角切りにした果肉と**A**を合わせ、**1**で和える。塩で味を調える。
4. **2**のアボカドは皮をむき、穴に**3**を盛ってハーブを飾る。

アイヨリ
南仏生まれのニンニク入りソース

材料

- 卵黄…1個
- A ニンニクピューレ*…40g
- ディジョンマスタード…5g
- 白ワインヴィネガー…10g
- サフラン…2つまみ
- E.V.オリーブ油…200g

＊ニンニクピューレのつくり方：ニンニクは水で2回ゆでこぼし、牛乳でやわらかくなるまで下ゆでする。ザルで漉して液体は捨て、ニンニクはつぶしてピュレ状にする。

つくり方

1. 鍋に白ワインヴィネガーとサフランを入れ、白ワインヴィネガーが黄色く色づくまで、ブラックの端などの温かいところに約30分間おく。
2. ボウルにAを入れ、全体が白くなるまで泡立て器ですり混ぜる。
3. 2に1を加え混ぜる。そこにE.V.オリーブ油を少量ずつ加え、泡立て器で混ぜる。E.V.オリーブ油の加え方と混ぜ方はマヨネーズ(p.26)の工程4～10を参照。

保存方法・期間
冷蔵で3日間保存可能。

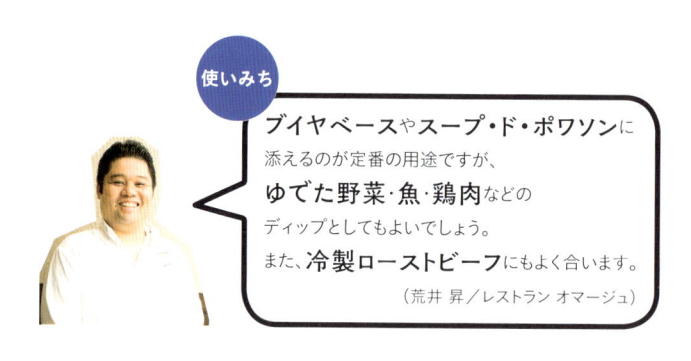

ニンニク、卵黄、オリーブ油に、レモン汁やヴィネガーなどを混ぜて乳化させたソース。ニンニクは下ゆでしたものを用いて、おだやかな香りに仕上げる。

使いみち

ブイヤベースやスープ・ド・ポワソンに添えるのが定番の用途ですが、**ゆでた野菜・魚・鶏肉**などのディップとしてもよいでしょう。また、**冷製ローストビーフ**にもよく合います。

（荒井 昇／レストラン オマージュ）

ソース＆ディップス Collection 1

辛いソース 編

乾燥赤トウガラシで
- ラー油 (p.70)
- 食べるラー油 (p.71)

生の青トウガラシで
- ハリッサ (p.128)

ホットチリソースで
- ピリ辛チリソースドレッシング (p.24)

生の赤トウガラシで
- サテー (p.153)
- スイートチリヌクチャム (p.152)

豆板醤で
- 四川だれ (p.154)
- 辛いごまダレ (p.162)

- 辛みドレッシング (p.25)
- サテードレッシング (p.25)

アイヨリのエスプーマ
ニンニクをきかせた泡状のアイヨリ

材料

A ┃ 卵黄…2個
　┃ 全卵…1個
　┃ ニンニク(すりおろし)…10g
　┃ 白ワインヴィネガー…10g
　┃ エスプーマコールド*…44g

生クリーム(乳脂肪分38%)…250g
E.V.オリーブ油…150g
塩…6g

＊液体やピュレをエスプーマ用サイフォンで泡状にする際に加える粉末増粘材。

つくり方

1 ボウルにAを入れてハンドブレンダーで攪拌する。
2 1に生クリームとE.V.オリーブ油、塩を加えてさらに攪拌し、乳化したらエスプーマ用サイフォンに詰める。
3 提供の直前にサイフォンをよく振り、逆さにしてハンドルを引いて泡状のソースを出す。

保存方法・期間

使うたびにつくり、なるべく早く使い切る。ランチ営業用につくったら営業中に使い切り、ディナーには持ち越さない。ディナー営業用につくった場合は、その日のうちに使い切る。

エスプーマはスペイン語で「泡」の意。このソースはアイヨリをしゅわしゅわとした泡状にしたものだ。ひと口ふくめば、生のニンニクのエッジのきいた香りと味わいが一気に広がる。

使いみち

ブイヤベースに添えるなど、使いみちはアイヨリと同様です。ゆでたアスパラガスにオランデーズソース代わりにかけると目先が変わった料理となります。焼いた鶏肉や、ゆでたり焼いたり素揚げしたりした魚に添えてもよいでしょう。

(荒井 昇／レストラン オマージュ)

ワサビで
● 生山葵とクリームチーズ(p.52)

ユズコショウで
● 柚子こしょうマヨ(p.36)
● ゆずこしょうおろしポン酢(p.122)

● サルサ・メヒカーナ(p.99)

ハラペーニョ、チポトレで
● サルサ・メヒカーナ・コン・フルータ(p.99)

西洋ワサビで
● サルサ・アル・クレン(p.128)

ショウガで
● 新生姜のグラニテ(p.125)
● 生姜のソース(p.68)

● サルサ・フレスコ(p.100)

● ハラペーニョタルタル(p.31)

● サルサ・フレスコ・コン・チポトレ(p.100)

Part 2 マヨネーズ・卵黄ベース

黄味酢タルタル

黄味酢に青ザーサイを加えてタルタルソースにアレンジ

材料
- A
  - 卵黄…3個
  - 全卵…1個
  - 米酢…90ml
  - 砂糖…大さじ1.5
- 青ザーサイ(浅漬け)…100g

つくり方
1. **A**の材料をすべて合わせて湯煎にかける。木ベラで混ぜながらやわらかく火をあてて加熱する。目安は5分間ほど。もったりしてきたら火から下ろす。
2. 青ザーサイをみじん切りにし、1に混ぜる。

保存方法・期間
冷蔵で1週間保存可能。

卵に酢を加えてつくった黄味酢に、
ピクルス代わりに
浅漬けの青ザーサイをきざんで加えた
和風タルタルソース。

使いみち

魚介類のフライや鶏の唐揚げによく合いますが、天ぷらには合いません。ここでは青ザーサイを使いましたが、しば漬けや青ネギ、炒めた玉ネギなどを混ぜるとひと味ちがったタルタルソースができます。

(中山幸三／幸せ三昧)

アジフライ　黄味酢タルタル

(中山幸三／幸せ三昧)

衣に使うパン粉を細かくすって薄衣にすることで
軽く仕上げたアジフライに、黄味酢でつくったタルタルソースを添える。
黄味酢は油分を含まないマヨネーズのようなさっぱりとした味わい。
フライをより軽やかに食べてもらうことができる。

材料 1人分
- アジ…1/2尾
- グリーンアスパラガス…2/3本
- 黄味酢タルタル(上記)…大さじ2
- 薄力粉、溶き卵、ドライパン粉*…各適量
- 塩、揚げ油…各適量

*ドライパン粉はすって細かくしておく。

つくり方
1. アジは三枚におろして薄塩をあて、冷蔵庫に1時間おいて塩をなじませる。1人前につき半身を使用。
2. グリーンアスパラガスは根元のかたい皮をむき、3等分に切る。1人前につき2切れを使用。
3. アジに薄力粉をまぶし、溶き卵にくぐらせて、ドライパン粉をつけ、170℃の揚げ油で3分間ほど揚げて油を切る。
4. アスパラガスも同様に衣をつけて同じ油で2分間ほど揚げて油を切る。
5. アスパラガスとアジは、間に黄味酢タルタルをはさんで重ねて盛り、上にも黄味酢タルタルをかける。

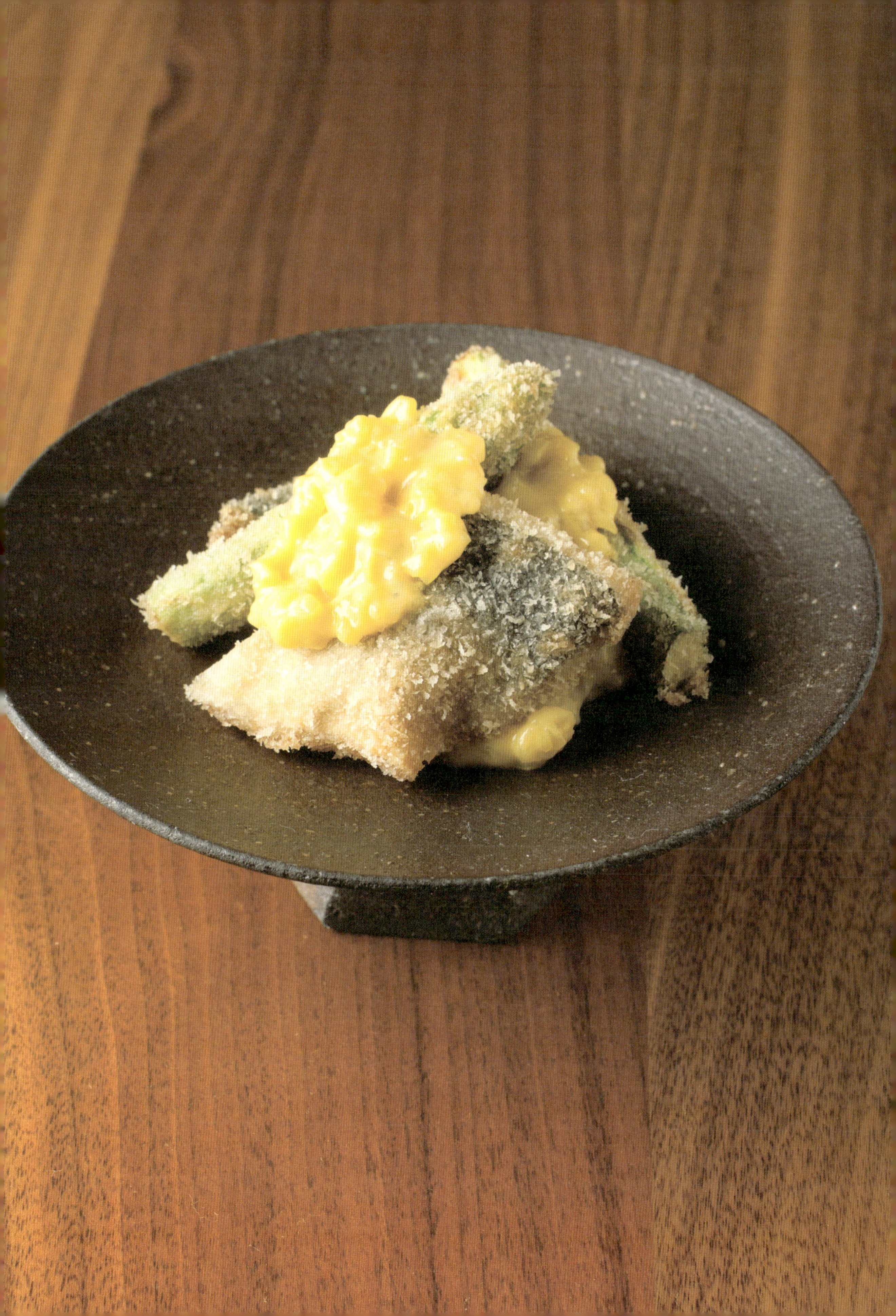

マンゴー黄味酢

華やかなマンゴーの香りと甘み

材料
- マンゴーの果肉…90g
- レモン汁…5ml
- A
  - 卵黄…5個
  - 砂糖…5g
  - リンゴ酢…25ml
  - 淡口醤油…5ml

つくり方
1. マンゴーの果肉は色止めのためにレモン汁をふり、裏漉しする。
2. 鍋に1とAを入れて混ぜ合わせ、中火にかける。木ベラで練りながら火を入れていく。鍋肌を木ベラでこすって筋ができる固さになったら火から下ろし、裏漉しする。

保存方法・期間
冷蔵で2日間保存可能。

黄味酢に、裏漉してピュレ状にしたマンゴーを加えている。
マンゴーの香りと甘みが加わり、華やかな味わいになる。

使いみち
カルパッチョのソースにしたり、アワビなどの貝類と野菜の和えものの和えダレにするとよいです。

（米山 有／ぼつらぼつら）

ソース&ディップス Collection 2　サンドイッチソース編

パニーニにおすすめ！

- ゴルゴンゾーラクリーム (p.50)
  生クリームでのばして、ハムとルッコラのパニーニのソースに

- サルサ・ディ・ノーチ (p.164)
  クルミに牛乳とチーズを加え、ニンニクをきかせたソース

- サルサ・ヴェルデ (p.64)
  アンチョビとケイパーを加えたイタリアンパセリのソース

どんなパンでもOK！

- ポテチ入りツナマヨソース (p.38)
  ポテトチップス入り。ちょっとジャンクで懐かしい味

ハンバーガー、ホットドッグにぴったり！

- サルサ・セボラ (p.105)
  みじん切りの玉ネギにハーブとハラペーニョを加えたさっぱりとしたソース

角食サンド、バゲットサンド、ハンバーガーに！

- 柚子こしょうマヨ (p.36)
  レモンをきかせてさわやかに仕上げた辛いマヨネーズソース

- タルタルソース (p.28)
  ケイパー、コルニション、イタリアンパセリ入りで、味わい豊かな仕上がり

- タルタルソース (p.30)
  市販のマヨネーズ使用。青ネギを入れて親しみやすい味に

- 塩玉子のタルタルソース (p.32)
  ザーサイと塩玉子（塩水漬けにした卵。中華食材）を入れた変わりタルタルソース

Part 3
チーズ、バター、牛乳

乳製品はソースにもディップにも
使い勝手のよい素材。本章には、さまざまなチーズを使った
ソース&ディップ、バターや牛乳を使った
ベーシックなソース、個性的なアレンジソースなど、
乳製品のポテンシャルを
あますところなく生かしたレシピを収録した。

フロマージュブランのタルタルソース
さっぱりとしたフレッシュチーズがベース

材料

A:
- フロマージュブラン*…100g
- 粒マスタード…10g
- エシャロット(みじん切り)…6g
- トマト(粗みじん切り)…8g
- エストラゴン(みじん切り)…2g
- シブレット(みじん切り)…1g

塩、コショウ…各適量

＊酸味のおだやかなクリーム状のフレッシュチーズ。

つくり方

1 ボウルに**A**を入れて混ぜ、塩、コショウで味を調える。

保存方法・期間

冷蔵で2日間保存可能だが、トマトから水気が出るので、なるべく早めに使い切ったほうがよい。

マヨネーズをフロマージュブランに置き換えた変わりタルタルソース。さっぱりとしたフロマージュブランに、香草やトマト、粒マスタードをたっぷりと加え、風味豊かな味わいに。

使いみち

そのまま食べてもおいしいので、パンを添えてアミューズにしてもよいでしょう。酸味のあるディップなので、さっぱりと食べさせたい料理に添えてもよいです。野菜に合わせるなら、フライ、ベニエ、フリットなどの衣をつけて揚げたものと相性がよく、特にズッキーニにはよく合います。ローストチキンに添えてもよいでしょう。

(荒井 昇/レストラン オマージュ)

ゴルゴンゾーラのムース
ほどよいクセがワインをすすませる

材料
ゴルゴンゾーラ…150g
生クリーム…50g+150g
板ゼラチン…4g

つくり方
1 鍋にゴルゴンゾーラと生クリーム50gを入れて弱火にかける。ゴルゴンゾーラが溶けたら、水で戻した板ゼラチンを加え、ゼラチンが溶けたら火から下ろして冷ます。
2 生クリーム150gは7分立てにし、1に2～3回に分けて加える。

保存方法・期間
冷蔵で1週間保存可能。

ゴルゴンゾーラに泡立てた生クリームを混ぜて、ふんわりとしたムース状に。青カビのクセがまろやかになり、ワインによく合うディップとなる。

使いみち
赤玉ネギのコンフィ(p.104)とともに、**バゲット**を添えて提供しています(右記)。
(米山 有／ぽつらぽつら)

ゴルゴンゾーラクリーム
クセのある、その風味を味わう

材料
ゴルゴンゾーラ(ピカンテ)…200g
エシャロット(薄切り)…40g
生クリーム…300g
ニンニク…1片
オリーブ油…適量

つくり方
1 鍋にオリーブ油を温め、ニンニクを加えて香りが立つまで熱する。
2 1の鍋からニンニクを取り出し、エシャロットを入れて炒める。
3 エシャロットに透明感が出てきたら、生クリームを加え、とろみがつくまで煮詰める。
4 ゴルゴンゾーラを小さく切って加え、溶かす。ミキサーに入れ、なめらかになるまで回す。

保存方法・期間
冷凍で約1ヶ月間保存可能。

ゴルゴンゾーラのクセのある風味をしっかりと前面に出したソース。ややかためのつくりで、用途に応じてブロードや生クリームでゆるめ、さまざまな用途に展開できる。

使いみち
そのまま**パン**に塗って食べてもおいしいです。ブロードでのばして**パスタのソース**にしたり、生クリームでのばしてハムとルッコラのパニーニの**サンドイッチソース**にしたり、泡立てた生クリームを混ぜて**ムース**にしたりしてもよいです。
(岡野裕太／イル テアトリーノ ダ サローネ)

ゴルゴンゾーラのムースと赤玉ネギのコンフィ

（米山 有／ぽつらぽつら）

青カビチーズのまろやかなムースに、
甘くねっとりとした赤玉ネギのコンフィを合わせ、
バゲットを添えている。
ひたすらワインがすすむひと品。

つくり方 1人分

1 バゲット（適量）は薄切りにして半分に切り、100℃のオーブンでカリカリになるまで焼く。
2 器にゴルゴンゾーラのムース（左記、大さじ3）を盛り、くだいたクルミと黒コショウをふる。
3 皿に**2**をのせ、赤玉ネギのコンフィ（p.104、大さじ1.5）と**1**を添える。

生山葵とクリームチーズ
みじん切りにしたワサビのさわやかな辛みがアクセント

材料
生ワサビ（みじん切り）…30g
クリームチーズ…100g

つくり方
1. 生ワサビとクリームチーズを混ぜ合わせる。

保存方法・期間
冷蔵で1週間保存可能。

使いみち
ワサビ農家の方に教えていただいた食べ方です。きざんだ生ワサビを使うところがポイント。**パン**を添えてそのまま食べてもらっても、**スティック野菜**を添えてもよいでしょう。
（米山 有／ぽつらぽつら）

クリームチーズとワサビはよくある組み合わせだが、みじん切りにした生ワサビを混ぜ込むところがキモ。しゃりしゃりとした歯ざわりとさわやかな辛みが新鮮な印象を与える。

酒粕と白味噌、ブルーチーズ
やさしいながらも奥行きのある味わい

材料
酒粕…30g
白味噌…50g
ブルーチーズ…100g
生クリーム…50ml

つくり方
1. 材料をすべて混ぜ合わせ、裏漉しする。

保存方法・期間
冷蔵で1週間保存可能。

使いみち
ソテーした豚肉に塗り、バーナーで炙って香ばしい焼き目をつけて提供しています。
（米山 有／ぽつらぽつら）

まろやかな風味を持つ3つの素材を合わせたディップ。酒粕の甘み、白味噌の旨みと塩気、ブルーチーズ特有のクセが重なり、やさしいながらも奥行きのある味わいに。

パルミジャーノソース

チーズの風味を生かすため、生クリームだけを加えてつくる

材料
パルミジャーノ・レッジャーノ(すりおろし)
　…60g
生クリーム…200ml
塩…適量

つくり方
1 鍋に生クリームを入れて弱火で温め、パルミジャーノ・レッジャーノを加えて溶かす。塩で味を調える。

保存方法・期間
冷蔵で3〜4日間保存可能。

パルミジャーノ・レッジャーノに
生クリームを加えてソースに。
材料を極限までしぼり込み、
チーズのふくよかな味と香りが
はっきりと感じられる仕立てとしている。

使いみち
鶏ムネ肉、ジャガイモなどの、チーズや
生クリームと相性のよい素材に合わせるとよいです。
また、ディルをきざんで加えると
エビによく合うソースになります。

(紺野 真／オルガン)

ラグザーノチーズのソース

たっぷりのチーズで、しっかりと旨みを感じさせる

材料
ラグザーノ*(すりおろし)…125g
牛乳…250g
卵黄…1個
バター…30g

*イタリア・シチリア産のハードチーズ。パルミジャーノ・レッジャーノに似ているが、よりやさしい風味を持つ。

つくり方
1 牛乳を湯煎にかけ、約80℃に熱する。
2 1にラグザーノを加え、10分ほど練り混ぜる。
3 ラグザーノが溶けてなめらかになったら、卵黄、バターを順に加え、なめらかになるまでさらに練り混ぜる。

保存方法・期間
冷蔵で2〜3日間保存可能。

シチリア産のハードチーズ、牛乳、
卵黄でつくるソース。
あえて生クリームは加えずに軽さを出し、
チーズはたっぷりと使うことで
旨みをしっかりと感じられるバランスに。

使いみち
トマトソースと一緒に使うことが多いソースで、
シチリアでは、ナスのスフォルマート
(卵液に、きざんだナスやチーズのすりおろしなどを
混ぜて蒸した料理)にトマトソースとともにかけていました。
野菜ならカリフラワーやブロッコリー、
肉なら仔羊の煮込みとも好相性です。

(永島義国／サローネ2007)

チーズフォンデュータ

冷やし固めた状態でも、温めて液体にしても使える

材料
グラナパダーノ(すりおろし)＊…200g
生クリーム…200g
牛乳…100g
バター…150g
塩…2g

＊イタリア・ロンバルディア州のハードチーズ。

つくり方
1. 鍋に生クリームと牛乳を入れて火にかけ、約2/3量になるまで煮詰める。
2. バターを加え混ぜて溶かす。
3. グラナパダーノを加え、弱火にしてよく混ぜながら加熱する。
4. 塩で味を調え、ハンドブレンダーで撹拌してなめらかな状態にする。

保存方法・期間
冷蔵で1週間、冷凍で4週間保存可能。

グラナパダーノに、生クリーム、牛乳、バターのコクを加えたリッチな味わいのソース。冷やすと固まるのでその状態で使ってもよいが、溶かす場合は湯煎で温める。直火で熱するとチーズが固まってしまうので注意。

使いみち
湯煎で温めてとろっとした状態にしたものは、**牛肉のカルパッチョ**や**たたき**に添えるといいでしょう。生クリームを混ぜてゆるめれば、**シーザーサラダ**のドレッシングにも使えるチーズソースに。冷えて固まった状態で食べてもおいしく、**トマト**に添えて提供するとよいです。

（横山英樹／(食)ましか）

冷たいチーズフォンデュ

白カビと青カビ、2種のチーズを混ぜて重層的な味わいに

材料
ブルーチーズ…50g
白カビチーズ…50g
生クリーム…50ml

つくり方
1. 鍋に適宜に切ったブルーチーズと白カビチーズを入れ、弱火にかけて溶かす。
2. 1を裏漉しして冷ます。
3. 2に生クリームを加え、なめらかになるまで混ぜる。

保存方法・期間
冷蔵で1週間保存可能。

ブルーチーズと白カビのチーズを混ぜたチーズディップ。ブルーチーズはゴルゴンゾーラやロックフォール、白カビチーズはブリー・ド・モーやカマンベールなど、好みのものを使えばよい。

使いみち
バゲットや**スティック野菜**を添え、**冷製チーズフォンデュ**として提供しています。

（米山 有／ぽつらぽつら）

トーチン・ブライドのソース

熱々のポレンタに2種のソースをかけて前菜に

リコッタのソース

ポレンタ粉の焦がしバターソース

材料

リコッタのソース
| リコッタ…125g
| カプリーノ*…125g
| 牛乳…100ml

ポレンタ粉の焦がしバターソース
| バター…100g
| ポレンタ粉(トウモロコシの粉)…50g

＊イタリアのヤギ乳のチーズ。なければリコッタで代用可。

つくり方

1. リコッタのソースをつくる。材料を鍋に入れ、湯煎にかけて約10〜15分間混ぜながら加熱する。ベシャメルソースよりもややゆるいくらいのかたさになったら湯煎から下ろす。
2. ポレンタ粉の焦がしバターソースをつくる。ポレンタ粉は100℃のオーブンで2時間乾燥させる。フライパンにバターを入れて中火にかけ、ゆすりながら加熱する。こんがりと香ばしい香りが立ってきたら、ポレンタ粉を加えて火からおろす。

保存方法・期間

リコッタのソースは冷蔵で3日間、ポレンタ粉の焦がしバターソースは冷蔵で5〜6日間保存可能。

使いみち

イタリアのフリウリ＝ヴェネツィア・ジュリア州の郷土料理、**トーチン・ブライド**のためのソースです。**ポレンタ**に2種のソースをかけたものがベーシックなスタイルですが、店によっては、ポレンタの上に**リコッタ・アフミカータ**(燻製にしたリコッタ)をのせたりもします。また、ポレンタに焼いた**サルシッチャ**をのせ、ソース2種をかけてメイン料理にもします。

(永島義国／サローネ2007)

「トーチン・ブライド」は、熱々のポレンタにリコッタのソースとポレンタ粉入りの焦がしバターソースをかけた前菜だ。メイン料理の付け合わせというイメージの強いポレンタだが、このソースを用いれば素朴ながら存在感のあるひと皿となる。

トーチン・ブライドのつくり方

1. ポレンタをつくる。
   ① 鍋に水と牛乳をそれぞれポレンタ粉と同量ずつ入れて沸かす。
   ② ポレンタ粉とポレンタ粉の1/10量のバターを加えて30〜40分間練りながら加熱する。フリウリ＝ヴェネツィア・ジュリア州ではこのようにしてポレンタをつくるが、隣のヴェネト州では水のみを使い、バターの代わりにオリーブ油を加えることもある。
2. 皿に熱々のポレンタを盛り、温めたリコッタのソースとポレンタ粉の焦がしバターソースをかける。

Part 3 チーズ、バター、牛乳

ベシャメル・ソース
粉と牛乳にしっかりと火を入れる

白いソースに仕上げるため、火加減は常に弱火で。
じっくりと時間をかけて炊き、粉と牛乳にきちんと火を入れる。
こうすることで保存性が高まり、風味もよくなる。

材料
牛乳…500ml
薄力粉…35g
バター…35g
ローリエ(生)…1枚

保存方法・期間
冷蔵で1週間保存可能だが、風味が落ちたり匂いがついたりするので、つくりたてを使うのが一番よい。

使いみち
キントア豚のサラミを混ぜて小さな**クロケット**（コロッケ）に仕立て、**アミューズ**として提供しています。定番の使いみちは**グラタン**や**ドリア**でしょう。**ゆでたりローストしたりした野菜**にソースとして添えてもよいです。

（荒井 昇／レストラン オマージュ）

つくり方

1 鍋にバターを入れて弱火にかけ、溶かす。

2 バターが完全に溶けてふつふつと沸き、細かく白い泡が出てくる。

3 薄力粉を加える。

4 ゴムベラでダマができないように絶えず混ぜて、粉にしっかりと火を入れる。

5 香りに粉くささがなくなり、なめらかでとろみのある状態になる。

6 別鍋に牛乳を入れ、約60℃に温めておく。

7 **5**に**6**を少量加える。

8 ダマにならないようゴムベラで混ぜる。

9 牛乳がなじんだら、さらに約90mlの牛乳を加え、ゴムベラでよく混ぜる。これを4〜5回繰り返す。

10 牛乳がすべて混ざったら、焦げないようによく混ぜながら、さらにしっかりと火を通す。

11 ゴムベラで鍋底をこすると跡が残るくらいのかたさになったらローリエを加え、100℃のオーブンに30分〜1時間入れる。その間、約15分おきによくかき混ぜる。

12 できあがりの状態。すくうとリボン状に垂れ下がる。バットに移し、表面にバターを塗り、ラップフィルムで覆って乾燥を防ぐ。

アサリバター

アサリのだしとジャガイモのゆで汁をバターで乳化

濃厚なアサリのだしと
煮詰めたジャガイモのゆで汁を合わせ、
バターと生クリームでつないだソース。
アサリのだしを吸ったジャガイモが
噛むほどに味わい深く、食べ応えもある。

材料

アサリのだし
　アサリ…2kg
　水…1L
ジャガイモ…100g
水…100ml
塩…2g
バター…50g
生クリーム…200g
黒コショウ…2g

つくり方

1 アサリのだしをとる。
① 鍋にアサリと水を入れ、強火で熱する。
② アサリの殻が開いたら、さらに10分間ほど加熱する。
③ アサリとゆで汁を分け、ゆで汁はアサリのだしとする。身は殻からはずして取り置く。

2 ジャガイモをゆでる。
① ジャガイモは皮をむき、1cm角に切る。
② 鍋に入れて水を注ぐ。分量の水がひたひたの状態になるような大きさの鍋を使うこと。塩を加えて強火にかける。
③ アクが浮いてきたら取り除き、さらに約2分間ゆでる。ジャガイモとゆで汁を分け、それぞれ取り置く。

3 **2**のゆで汁を1/3量に煮詰める。

4 鍋にアサリのだしと**3**を入れ、バター、**1**で取り置いたアサリの身80g、**2**のジャガイモ、生クリーム、黒コショウを加え混ぜる。

保存方法・期間
冷蔵で3日間保存可能。

使いみち

主に**パスタソース**として使用しています。
このソースをからめてサマートリュフと
パルミジャーノをたっぷりかけたパスタが人気ですが、
ソースをさらに煮詰めて卵黄とパルミジャーノを加えると
カルボナーラ風になります（右記）。
蒸した魚のソースにしてもよいでしょう。

（横山英樹／（食）ましか）

アサリバターのタヤリン カルボナーラ風

(横山英樹／(食)ましか)

濃厚なアサリの旨みと、サマートリュフの香りが
口の中ではじけるパスタ。
細身ながら存在感のあるタヤリンが、
ソースをたっぷりとからめ取り、すべてを一体化させる。

材料　1人分
- アサリバター(左記)…300g
- トリュフオイル…少量
- 卵黄…2個
- パルミジャーノ・レッジャーノ(すりおろし)
  …10g+適量
- タヤリン(手打ち)…60g
- サマートリュフ…8g
- 黒コショウ…適量
- 塩…適量

つくり方
1. アサリバターは鍋で温め、トリュフオイルを加え混ぜる。卵黄とパルミジャーノ・レッジャーノ(10g)を加え、ダマにならないように混ぜながらとろみがつくまで低温で加熱する。
2. タヤリンは塩湯でゆでて湯を切り、1の鍋に入れてソースで和える。
3. 2を器に盛り、サマートリュフをおろし器(マイクロプレイン社製)で削ってかける。パルミジャーノ・レッジャーノ(適量)と黒コショウをふる。

Part 3　チーズ、バター、牛乳

アンチョビ焦がしバターソース

香ばしく焼いた青魚にぴったり

材料
アンチョビ…2枚
発酵バター…100g
レモン汁…1/2個

つくり方
1 アンチョビは包丁で叩いてペースト状にする。
2 焦がしバターをつくる。鍋に発酵バターを入れて弱火にかけ、ゆすりながら熱する。
3 バターが茶褐色になったら、すばやくアンチョビを加え混ぜ、鍋底を氷水に当てて急冷する。
4 3にレモン汁を加え混ぜ、味をみて塩気が足りないようなら、アンチョビを加えて調整する。

保存方法・期間
冷蔵で1週間保存可能。

レモンをきかせた焦がしバターソースは白身魚の定番ソースだが、このソースは、そこにアンチョビを加えたもの。アンチョビのコクのある旨みが加わることにより、青魚によく合うソースになる。

使いみち
オルガンと姉妹店ウグイス、両店の名物料理である「炙り鯖とじゃがいもの一皿」に使っています。マリネして炙ったサバをソテーしたジャガイモにのせ、このソースを回しかけたものです。**ホタテ貝柱**にもよく合います。

（紺野 真／オルガン）

ヴェルモット風味のバターソース

香草入りリキュールで風味づけ

材料
ヴェルモット（ドライ）…30ml
エシャロット（みじん切り）…100g
白ワインヴィネガー…15ml
生クリーム（乳脂肪分38%）…50ml
バター…50g
塩、白コショウ…各適量

つくり方
1 鍋にヴェルモット、エシャロット、白ワインヴィネガーを入れて火にかける。全体が褐色になり、とろみがつくまで煮詰める。
2 1に生クリームを加え、とろみがつくまで軽く煮詰める。バターを加えて乳化させ、塩、白コショウで味を調える。

保存方法・期間
使うたびにつくり、その都度使い切る。

フランス料理のオーソドックスなバターソースに、香草入りのリキュール、ヴェルモットを加えてアレンジしたもの。ヴェルモットのさわやかな香りとほのかな苦みが、味のアクセントとなる。

使いみち
魚介料理全般によく合うソースです。調理法は**ポワレ**が、素材は**エビ**や**白身魚**、**サーモン**などが特に向いていると思います。レモン汁、エストラゴンヴィネガー、シェリーヴィネガー、シャンパンヴィネガーなどを足してより酸味を強くすれば、**青魚**にも合います。

（荒井 昇／レストラン オマージュ）

ソース・グルノーブル
ケイパーとレモンの酸味を加えたバターソース

材料
アンチョビ焦がしバターソース(左記)
　…100g
ミディトマト(5mm角切り)…¾個分
ケイパー…18g
レモンの果肉(5mm角切り)…¼個分
クルトン*…15g
パセリの葉(みじん切り)…2枝分
レモン汁…適量
塩…適量

*クルトンのつくり方：フライパンにバターを入れて弱火にかけ、細かな泡が立つまでゆすりながら加熱する。食パン(7〜8mmの角切り)を入れ、バターをなじませながら軽く焼き色をつける。塩を少量ふり、110〜130℃のオーブンに30分〜1時間入れ、水分を飛ばしてカリッとさせる。

つくり方
1. アンチョビ焦がしバターソースを温め、ミディトマト、ケイパー、レモンの果肉を加える。
2. 火を止め、クルトン、パセリの葉を加える。レモン汁と塩で味を調える。

保存方法・期間
使うたびにつくり、その都度使い切る。

フランスの定番ソース。バターに
クルトンやケイパー、レモンを加えてつくり、
主に白身魚や川魚に合わせる。
このレシピでは
青魚によく合うアンチョビ入りの
焦がしバターソース(左記)に
トマト、ケイパー、レモンを加えてつくり、
青魚にも白身魚にも使えるソースに。

使いみち
タラ、ヒラメ、エイのヒレなどのポワレやムニエルによく合います。
(紺野 真／オルガン)

ソース&ディップス Collection 3　パスタソース　ベーシック編

スパゲッティなどの乾麺に！

- **トマトソース**(p.92)
  トマトのおいしさを存分に味わえるシンプルなトマトソース

- **イカスミソース**(p.80)
  イカのスミ、身、ワタを使い、旨みを存分に生かした仕立て

- **イカスミソース**(p.81)
  魚のブロードを使い、イカスミのコクをストレートに生かしたソース

- **アマトリチャーナのソースベース**(p.96)
  炒めたベーコンと玉ネギにトマトを加えて煮込んだベース。パスタの仕上げにはバターを使うとよい

平打ちの生パスタがおすすめ！

- **ラグー**(p.76)
  香ばしく炒めた香味野菜と牛挽肉でつくるミートソース。レバーのコクが隠し味

ショートパスタに！

- **ゴルゴンゾーラクリーム**(p.50)
  ブロードでのばしてパスタソースに。ニョッキにもよく合う

Part 3　チーズ、バター、牛乳

Part 4 オイル

オイルは食材の持ち味をしっかりと引き出してくれる便利な素材。香りをより効果的に抽出したり、味わいをいっそう強調したりすることができる。本章では、添えるだけで料理の味わいが立体的になる、そんなオイルソースをご紹介する。

自家製ドライトマトと塩昆布、生ハムのオイルソース
旨みのある素材を掛け合わせる

材料
自家製ドライトマト(p.197)…100g
塩昆布…10g
生ハム…50g
オリーブ油…100ml

つくり方
ミキサーに材料をすべて入れ、なめらかになるまで回す。

保存方法・期間
冷蔵で1週間保存可能。

旨みのある食材3種を、オイルとともにフードプロセッサーにかけたなめらかなペースト。添えるだけで料理の味わいをぐっと引き上げてくれる。

使いみち 
白身魚のポワレや**塩焼き**、**イカ**を使った料理に合います。アサリなどの貝の酒蒸しに加えたり、ブイヨンで溶いて魚介を煮れば、**アクアパッツァ**風のスープ料理ができます。
（米山 有／ぽつらぽつら）

スモークオイル

生の素材に燻香をまとわせる裏技

材料
グレープシードオイル…200ml
スモークウッド（ヒッコリー）…約5cm分

つくり方
1 グレープシードオイルはバットに入れる。
2 中華鍋の底にアルミホイルを敷き、スモークウッドをのせる。鍋に網をのせ、網の上にボウルを逆さまに置いて蓋とする。
3 2を火にかける。煙が出はじめたら1を網の上にのせ、ボウルで蓋をして30分間燻煙にあてる。燻香をオイルにうつしたいので、火加減を調整してしっかりと煙が出た状態を保つ。

保存方法・期間
常温で2週間保存可能。

味にも香りにもクセのないグレープシードオイルを燻煙にあて、燻香をつけたもの。ひとたらしすれば、素材を加熱することなく料理に燻香をまとわせることができる。

使いみち
加熱せずに燻香をつけたい場合に使います。たとえば、**生のサーモン**にかけると、食感と味わいは生なのにスモークサーモンを思わせる不思議な感覚を演出できます。**豆腐ディップ**(p.132)にかけてアミューズとしてもよいです。

（西岡英俊／レンゲ エクリオシティ）

オリーブペースト

酸味で味に輪郭をつくる

材料
黒オリーブ…50g + 100g
A [ケイパー…25g
アンチョビ…17g
E.V.オリーブ油…75g
ニンニク…1.5g]

つくり方
1 黒オリーブ（50g）は粗くきざむ。
2 フードプロセッサーに黒オリーブ（100g）とAを入れて回し、ペースト状にする。
3 2に1を加え混ぜる。

保存方法・期間
冷蔵で1週間保存可能。

ケイパーで酸味をしっかりきかせ、ぼんやりしがちなオリーブの味わいを引き締めたペースト。さらにアンチョビで旨みと塩気をプラスしている。味の輪郭がはっきりしているので、アクセントとして用いるのによい。

使いみち
そのまま**パンに塗って**食べてもよいですし、**魚料理**や**肉料理**に添えて酸味と旨みのアクセントとしてもよいです。

（岡野裕太／イル テアトリーノ ダ サローネ）

サルサ・ヴェルデ
パセリの青々しさを味わう

材料
イタリアンパセリの葉…25g
アンチョビペースト…9.5g
ケイパー…30g
オリーブ油…60g

つくり方
1. ミキサーに材料をすべて入れ、なめらかになるまで回す。

保存方法・期間
冷蔵で2〜3日間保存可能(真空パックならば約1週間)。冷凍保存すると風味が落ちる。上記期間内に使い切るのがおすすめ。

イタリアンパセリの青くみずみずしい味わいが口中にぱっと広がるソース。ヴィネガーではなくケイパーによって酸味を加えることで、旨みや風味が加わり、味にまとまりがでる。

使いみち
肉料理にも**魚料理**にもつかえる**万能ソース**です。私が修行していたトスカーナ州では**ボッリート・ミスト**(下記)などの**ゆで肉**や**トリッパ**や**ランプレドット**(ギアラ)といった**内臓の煮込み**に添えることが多かったです。**焼いた魚**に添えたり、**サンドイッチソース**として使ってもよいでしょう。

(湯浅一生／ビオディナミコ)

ボッリート・ミスト サルサ・ヴェルデ添え

(湯浅一生／ビオディナミコ)

イタリアではボッリート・ミストとサルサ・ヴェルデは定番の組み合わせだ。ボッリート・ミストはさまざまな種類、部位の肉を一緒にゆでて、互いの旨みを吸わせるシンプルな料理。サルサ・ヴェルデの青々しく、口の中を颯爽と駆けぬけるような味わいがよく合う。

つくり方
1. 牛タン、豚バラ、鶏手羽先を一緒にゆでてボッリートミストをつくる(p.195)。
2. 1の牛タンと豚バラ肉は食べやすい大きさに切り分ける。鶏手羽先は手羽中だけの状態にし、食べやすいように骨を抜く。
3. 皿に2を盛り合わせ、サルサ・ヴェルデを添え、イタリアンパセリを飾る。

バジリコ・ペースト（ジェノベーゼソース）
バジルの味と香りを、塩で引き立てる

このペーストの要は何と言っても
バジルの香り。
チーズがその邪魔をしないよう、
加える量は最低限とする。その分、
塩味をしっかりきかせて、
バジルの味わいを際立たせる。

材料
- バジルの葉（やわらかいもの）…100g
- 松の実…25g
- ニンニク…1〜2片
- ペコリーノ・サルド*1（すりおろし）…25g
- パルミジャーノ・レッジャーノ（すりおろし）…30g
- E.V.オリーブ油*2…60ml
- 塩（天日海塩または岩塩）…4g

*1 イタリア・サルデーニャ島の羊乳のハードチーズ。
*2 バジルの香りを邪魔しない軽くてクセのない味わいのもの（リグーリア産など）を使う。

つくり方
1. バジルの葉は洗い、ザルにあげて乾かす。
2. ミキサーにE.V.オリーブ油を入れ、冷凍庫で冷やしておく。松の実は100℃のオーブンで1時間ローストし、粗熱をとって冷蔵庫で冷やしておく。ニンニク、ペコリーノ・サルド、パルミジャーノ・レッジャーノ、塩も使う直前まで冷蔵庫で冷やし、ミキサーを回したときの熱によってバジルの色が変わるのを防ぐ。
3. 2のミキサーにバジル以外の材料を加えて粗めのペースト状になるまで回す。
4. 3にバジルの葉を加え、好みのなめらかさになるまで回す。

保存方法・期間
冷蔵で4日間保存可能。光が当たると色あせるので、冷蔵保存の際はビンに入れてアルミホイルで包む。オイルを注いで表面を覆って退色を防ぐ方法は、ソースにオイルが加わって配合が変わってしまうのでおすすめしない。冷凍なら1ヶ月間保存可能。その際は、ジップ付きポリ袋に入れ、空気を抜いて平らにならし、袋をタオルで覆い、冷凍庫の奥の光の当たらない場所にしまって退色を防ぐ。使う際は必要な分だけ割って解凍するとよい。

使いみち
このレシピはイタリア・リグーリア州ヴェンティミーリアのリストランテ「バルジ・ロッシィ」で修業していたときに教えてもらったものです。この店では、パスタ生地にこのペーストとベシャメルソース、ジャガイモ、インゲンを1人前ずつ包んでベシャメルソースをかけた**ラザニア**を出していました。この料理はリグーリアの代表的な郷土料理である、**トロフィエ**（ショートパスタ）、**ジャガイモ**、**インゲン**のバジリコ・ペースト和えを再構築したものです。また、ジェノバからトスカーナにいたる山岳地帯には、9月になると出回る栗の粉をパスタに混ぜ、このペーストをかけた秋ならではの料理があります。バジリコ・ペーストは火にかけると変色し、香りも飛んでしまうので、パスタソースにするときは、ソース自体は加熱せず、皿にゆでたパスタや具材を盛って上からソースをかけるようにしてください。イタリアではあまり見かけませんが、オリーブ油でゆるめて**鮮魚のカルパッチョ**のソースにしてもよいでしょう。

（永島義国／サローネ2007）

バーニャ・カウダソース

臭みなく、クリーミーな仕上がり

水で3回、牛乳で1回ゆでこぼすことで、
しっかりとニンニクの臭みを取るのがポイント。
仕上げにオリーブ油を加えて熱する際、
少しムラを残すとオリーブ油の香りが生きる。

材料 1人分
バーニャ・フレイダ…以下分量より30g
　ニンニク…2kg
　牛乳…1kg
　アンチョビ…600g
　水…適量
オリーブ油…60g

保存方法・期間
バーニャ・フレイダの状態で冷蔵で3週間保存可能。冷凍であれば6ヶ月間保存可能。

バーニャ・フレイダ

使いみち

オリーブ油を混ぜたものは**バーニャ・カウダ**(右記)に使います。
バーニャ・フレイダの状態であれば用途は多く、**カツオのたたき**に塗ってもおいしく、レモン汁を加えて**海老**や**ズッキーニ**などを**マリネ**するのもおすすめです。

(横山英樹／(食)ましか)

つくり方

バーニャ・フレイダをつくる

1 鍋にニンニクを入れ、水をひたひたに注ぐ。

2 中火にかけ、グラグラと沸くまで熱する。

3 湯を捨て、ニンニクを鍋に戻す。

4 1〜3をさらに2回繰り返す。

5 ニンニクの入った鍋に牛乳を注ぎ、中火にかける。

6 牛乳が沸いて泡立ってきたら、その状態のまま15分間ほど熱する。

7 牛乳を捨て、ニンニクをザルに上げる。

8 鍋にアンチョビを入れて炒める。

9 アンチョビが溶けてきたら、**7**のニンニクを加え、混ぜながら加熱する。

10 全体が混ざったらハンドブレンダーを鍋に入れ、なめらかになるまで撹拌する。

11 裏漉しして密閉容器に入れ、この状態で保存しておく。

提供時の仕上げ

1 鍋にバーニャ・フレイダとオリーブ油を入れて中火にかける。混ぜながら加熱し、ややムラのある状態で器に盛る。

バーニャ・カウダ
（横山英樹／(食)ましか）

有機農法や無農薬で栽培された旬の野菜を、常時11〜12種類ほど盛りつける。バーニャ・カウダソースが濃厚な味わいなので、それとつりあいがとれるよう野菜はやや大ぶりにカットしている。

つくり方

1 野菜は旬のものを使う。適宜にカットし、固いものはゆでる。写真は、カブ、バターナッツカボチャ、芽キャベツ、黄ズッキーニ、白ズッキーニ、姫ニンジン、丸オクラ、紅芯ダイコン、ロマネスコ、カリフラワー、キュウリ、ラディッシュ。

2 **1**を器に盛り、E.V.オリーブ油と黒コショウをふる。別皿にバーニャ・カウダソース（左記）を盛って添える。

Part **4** オイル

生姜のソース

辛みプラス清涼感の後味

おろしショウガに、レモンの清涼感を加えた
ソース。少量のニンニクが
香りに厚みを出し、E.V.オリーブ油によって
口当たりがなめらかになる。
つくり方は非常に簡単で、
保存性が高いのも特長。

材料
ショウガ…200g
レモンの皮…5g
A ┌ ニンニク…少量
　└ E.V.オリーブ油…50g

つくり方
1. ショウガは皮をむき、ざく切りにする。レモンの皮もざく切りにする。
2. ボウルに1とAを入れ、ハンドブレンダーで攪拌してペースト状にする。

保存方法・期間
冷蔵で1週間、冷凍で3ヵ月間保存可能。

使いみち
青魚との相性がよいので、カツオのたたきに添える（下記）のが一番です。その他、アジやサバの刺身やカルパッチョに添えてもよいでしょう。冷奴の薬味にも最適。水ナスに添えて醤油を少し垂らすのもおすすめです。

（横山英樹／(食)ましか）

カツオのカルパッチョ
（横山英樹／(食)ましか）

カツオのたたきを洋風にアレンジ。炙ったカツオに、
魚醤に近いニュアンスのあるアンチョビソースがよく合う。
さらに、ショウガのさわやかな辛みを添え、
脂ののったカツオをさっぱりと食べさせる。

材料 1人分
カツオ…150g
赤玉ネギ（薄切り）…30g
ショウガのソース（上記）…20g
アンチョビソース（p.84）…20g
ベビーリーフ…適量
ガーリックチップ…適量

つくり方
1. カツオは皮目を中心にバーナーで炙り、厚めにスライスする。
2. 赤玉ネギは軽く水にさらした後、水気を切る。
3. 冷やした器に2を敷き、その上に1を並べる。1にショウガのソースをのせ、全体にアンチョビソースを回しかける。ベビーリーフを1の上に盛り、ガーリックチップを散らす。

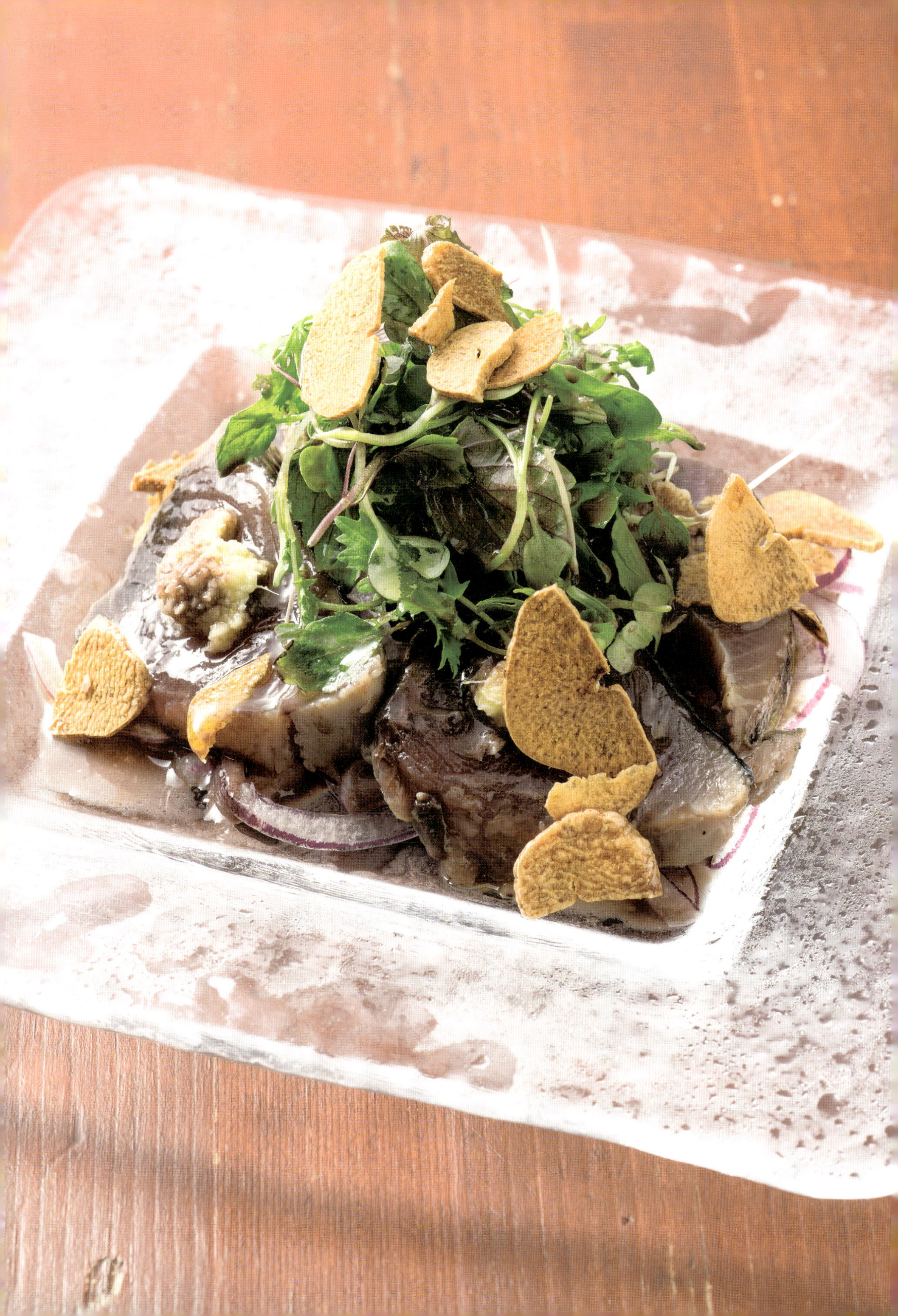

ラー油

辛みひかえめで香りよし

辛みはひかえめにし、スパイスの香りが
より感じられる配合としたラー油。赤トウガラシは
香りのよい四川産の朝天辣椒を使用する。

材料

A
- 朝天辣椒(パウダー)*1…50g
- 花椒…2g
- 陳皮…1g
- 八角…3片*2

綿実油…360ml

*1 中国・四川産の赤トウガラシ。
*2 八角の8つの片をバラバラにしたものを3片使用。

保存方法・期間

常温で2週間保存可能。それ以上置くと油が酸化して味が悪くなる。

使いみち

焼き餃子のつけダレや**麻婆豆腐**(p.73)の仕上げに使います。辛みが強すぎず香りがよいので、料理の味を殺さずに辛みと香りを添えることができます。

(西岡英俊／レンゲ エクリオシティ)

つくり方

1 ボウルに**A**を入れる。

2 中華鍋に綿実油を入れて火にかけ、煙が出るまで熱する。

3 1のボウルに2の油を加える。

4 油をすべて加えたら、泡立て器でよく混ぜる。冷めたらキッチンペーパーで漉す。

食べるラー油

カリカリとした食感で、香ばしく香り豊か

カシューナッツのカリカリとした食感に、揚げた玉ネギの甘みと香ばしさ、ニンニクとショウガの香りが複雑にからむ味わい。保存期間が長いのも魅力。

材料
玉ネギ(繊維に沿って薄切り)…900g
カシューナッツ…300g
ニンニク(みじん切り)…200g
ショウガ…200g
A ┌ 白ゴマ…300g
　├ ゴマ油…200g
　└ トウガラシオイル(p.114)…6g
揚げ油、炒め油…各適量

つくり方
1. 玉ネギは約170℃の油で揚げる。軽く色づいたらいったん取り出して油を切る。さらにこんがりと色づくまで二度揚げして油を切る。
2. カシューナッツは、棒でたたき、細かくくだく。
3. ニンニクは色づくまで炒めて水分を飛ばす。
4. ショウガは皮をむいてみじん切りにし、水分を飛ばすように炒める。
5. ボウルに1～4を熱いうちに入れて混ぜ、Aを加えてさらに混ぜる。

保存方法・期間
冷蔵で1ヵ月間保存可能。

使いみち
蒸し鶏に添える他、**冷奴**の薬味としてもよいです。ゆでた中華麺を和えれば、ピリ辛で食感の楽しい**和え麺**になります。また、**カレーライス**にトッピングすると味に深みが出て、食感もプラスできます。

(横山英樹／(食)ましか)

ネギ油

コクを出し、ネギの香りを添える

青ネギに塩をして、熱した油をじゅっとかけてつくる。さっぱりとした料理に回しかけると、コクとネギの香りが加わり、風味豊かになる。

材料
万能ネギ(小口切り)…25g
サラダ油…120ml
塩…小さじ¼

つくり方
1. 万能ネギと塩は耐熱容器に入れて混ぜ合わせる。
2. フライパンにサラダ油を入れて170℃に熱し、1に注いで混ぜ合わせる。

保存方法・期間
当日中に使い切る。翌日以降はネギの色や香りが悪くなる。

使いみち
ベトナムでは、さまざまな料理に使う香味油です。たとえば、**アサリやハマグリの網焼き**にフライドオニオンや粗くくだいたピーナッツとともにかけたり、カリカリに焼いた**塩豚**や**鶏モモ肉**の**バインミー**(ベトナムサンドイッチ)の肉にかけたり、**ソテーした豚肉**や**ブン・チャー・ゾー**(揚げ春巻きとハーブをのせた和え麺)にかけたりします。また、コクをプラスするために**ドレッシング**に加えたり、ナンプラーやヌクマムで味つけした**パスタ**にかけたりしてもよいです。

(足立由美子／マイマイ)

香油
ネギとショウガの香りだけを抽出

材料
長ネギの青い部分…3本分
ショウガ…30g
綿実油…360ml

つくり方
1 ショウガは皮をむき、かたまりのまま包丁で叩いてつぶす。
2 中華鍋に綿実油、長ネギの青い部分、1を入れて火にかける。油の温度が170℃くらいになり、香りが立ってきたら、火から下ろして冷ます。
3 2をペーパータオルで漉す。

保存方法・期間
冷蔵で2週間保存可能。

ネギとショウガはかたまりのまま
油に加えて熱し、香りだけを油に抽出する。
ネギとショウガの香りはほしいが、
ネギ、ショウガ自体が入ると
邪魔になる料理に用いる。

使いみち
湯葉、キノコ、アワビなどの炒めものに使っています。これらは素材の食感をダイレクトに味わわせたい料理です。そして、ネギとショウガの香りはまとわせたいけれど、それら自体は主素材の食感の邪魔になるので加えたくない。そんなときにこの油を使えば、ネギとショウガの香りだけを加えることができます。

(西岡英俊／レンゲ エクリオシティ)

ガーリックオイル
ニンニクの香りと油のコクを足したいときに

材料
ニンニク(みじん切り)…大さじ2
サラダ油…90ml

つくり方
1 フライパンにニンニクとサラダ油を入れる。ときどき混ぜながら、ニンニクが薄く色づくまで熱する。

保存方法・期間
冷蔵で3〜4日間保存可能。

ニンニクはみじん切りにして熱することで
短時間で香りを引き出す。
また油は漉さずにニンニクごと使い、
カリッと揚がった歯ざわりも
一緒に楽しんでもらう。

使いみち
ニンニクの香りと油脂のコクをプラスしたいときに使うとよいです。ベトナムには、細くさいたゆで鶏とせん切りキャベツをこのオイルとヌクチャム(p.150)で和えた「ゴイ・ガー」という定番料理があります。さまざまな料理に使えますが、コクを足すために炒めものやスープ、汁麺に回しかけたり、ドレッシングに加えて葉もののサラダに用いてもよいでしょう。

(足立由美子／マイマイ)

麻婆のもと
常備して調理時間を短縮

材料
綿実油…100ml
タカノツメ…3本
A ┌ 長ネギ（みじん切り）…2本分
　├ ショウガ（みじん切り）…2片分
　└ ニンニク（みじん切り）…4片分

つくり方
1. 中華鍋に綿実油、タカノツメを入れて火にかける。
2. 油が温まったらAを加え、香りが立つまで炒める。

保存方法・期間
冷蔵で1週間保存可能。

使いみち
麻婆豆腐（下記）に用います。具材を変えて、麻婆ナス、麻婆春雨に使ってもよいです。
（西岡英俊／レンゲ エクリオシティ）

豆板醤や豆豉などの調味料と具材を加えるだけで麻婆豆腐がつくれる便利なソース。もちろん、麻婆ナス、麻婆春雨にも使える。

麻婆豆腐
（西岡英俊／レンゲ エクリオシティ）

あらかじめ麻婆豆腐のもとを仕込んでおけば、調理時間を短縮しつつ、本格的な麻婆豆腐をつくることができる。仕上げに香り豊かな自家製ラー油をたらし、味わいをさらに高める。

材料 1人分
豆腐（絹ごし）…1丁（約300g）
豚挽肉…50g
A ┌ 麻婆豆腐のもと（上記）…大さじ1
　├ 豆板醤…小さじ1
　└ 豆豉（きざんだもの）…小さじ1
B ┌ 中国たまり醤油（老抽王）…5ml
　├ 日本酒…90ml
　└ 鶏のだし（p.197）…90ml
ラー油（p.70）、水溶き片栗粉、塩、グラニュー糖…各適量

つくり方
1. 豆腐は1〜2cm角に切る。
2. 中華鍋にAを入れて熱する。香りが立ってきたら豚挽肉を加えて炒める。
3. 豚挽肉の色が変わったらBを加え混ぜ、塩、グラニュー糖で味を調える。
4. 1を加え、豆腐が温まったら水溶き片栗を加えてとろみをつける。ラー油を回しかけ、皿に盛る。

貝柱油

クリアな旨みだけを油に引き出す

材料
もどした干し貝柱＊…100g
綿実油…360ml

＊煮切り酒に1日浸けてもどしたもの。

つくり方
1. 綿実油を170℃弱に熱し、もどした干し貝柱を加える。混ぜながらさらに加熱する。
2. 干し貝柱が茶褐色に色づいたら火から下ろして冷まし、キッチンペーパーで漉す。

保存方法・期間
冷蔵で1ヶ月間保存可能。

干し貝柱と綿実油を低温で熱し、クリアな旨みだけを油に抽出する。もう少し旨みがほしいという料理にひとたらしするだけで、味わいがぐんと立体的になる。

使いみち
旨みを足したいときに使います。**ラーメン**や、**スープ**、**和えもの**、**野菜**（ゆでオクラ、キュウリやミョウガ、ナスの塩もみなど）にかけ回すとよいです。**野菜のナムル**のゴマ油の代わりに使っても面白いです。

（西岡英俊／レンゲ エクリオシティ）

ソース＆ディップス Collection 4

パスタソース バラエティ編

タヤリンに！ 
● アサリバター (p.58)
アサリのだしとジャガイモのゆで汁を煮詰め、バターと生クリームを加えたソース。具材はアサリとジャガイモ

ラビオリに！ 
● サルサ・ディ・ノーチ (p.164)
イタリア・リーグリア州では青菜入りの小さなラビオリを合わせるのが定番の使い方

● ペスト・トラパネーゼ (p.97)
ニンニク、アーモンド、トマト、バジルでつくるシチリアのソース。らせん状のロングパスタ、ブジアーテを合わせる

ブジアーテに！

スパゲティに！
● ベトナム風トマトソース (p.91)
ベトナムの魚醤ヌクマムで味つけしたアジアンテイストなトマトソース

カッペリーニに！

● 鱧出汁と茄子のソース (p.86)
ハモの頭と骨からとっただしで、ハモの内臓とナスを煮たソース

● ガスパチョソース (p.94)
スペインの冷たいスープをアレンジ。長イモを入れてとろみのあるソースに

オレキエッテに！
● ヒヨコ豆のペースト (p.118)
ナポリではパスタソースとしても使う。具材にはゆでたヒヨコ豆を使う

Part 5 肉&魚介

肉類、魚介類のディップは単体で料理として
成立するものも多く、そうしたディップはパンを添えるだけで
前菜になる。仕込んでおけば、すぐに提供できるのが魅力だ。
また、魚介類の旨みを凝縮したソースは、
野菜・肉・魚料理にかけるだけ、添えるだけで
完成度の高い味わいが生み出せる。

リエット

脂をフロマージュブランに置き換えて軽やかに

材料

豚バラ肉…200g
塩麴…80g
フロマージュブラン…200g
アーモンド（きざむ）…50g
E.V.オリーブ油…適量

つくり方

1. 豚バラ肉は塩麴を塗り、ラップフィルムで覆って冷蔵庫に半日おく。
2. 1をE.V.オリーブ油とともに真空パックにして、60℃のスチームコンベクションオーブンで3時間加熱する。
3. 真空パックから肉を取り出し、脂身と煮汁は捨てる。肉は麺棒でつぶしてほぐし、フロマージュブランとアーモンドを混ぜる。

保存方法・期間

冷蔵で3日間、冷凍で2週間保存可能。

脂の代わりにフロマージュブランを使ったリエット。ほぐれるまで煮た肉に脂を混ぜる一般的なつくり方にくらべて、より軽やかな味わいに。さらに、アーモンドを加えて、香ばしさと食感のアクセントをプラスしている。

使いみち

パンを添えてアミューズにするとよいです。詰めものとして使ってもよく、衣をつけて小さなクロケット（コロッケ）にしたり、小さな春巻きにしたり、万願寺トウガラシに詰めて揚げたりして使っています。

（荒井 昇／レストラン オマージュ）

ラグー

野菜と肉の旨みをしっかりと凝縮する

材料

- 牛挽肉…500g
- 鶏レバー…60g
- ニンニク…1片
- 玉ネギ(粗みじん切り)…100g
- ニンジン(粗みじん切り)…100g
- セロリ(粗みじん切り)…100g
- 赤ワイン…350g
- ポルチーニ(乾燥)*…10g
- トマトペースト…55g
- ホールトマト…550g
- パルミジャーノ・レッジャーノの皮(あれば)…3.5×7cmくらいの大きさ
- ローリエ…2枚
- ローズマリー…2枝
- オリーブ油、塩…各適量

*適量の水にひたして戻しておく。戻し汁も使うので、取り置く。

保存方法・期間

冷蔵で3日間保存可能。ジップ付き袋に入れるか真空パックにして冷凍すれば15日間保存可能。

香味野菜とトマト、牛挽肉をじっくり煮込み、野菜と肉の旨みをしっかりと引き出したソース。素材にきちんと火が入ってから次の素材を加えるのが調理のコツ。ソースが水っぽくなるのを避け、旨みを凝縮することができる。

使いみち

イタリアのエミリア・ロマーニャ州では**手打ちパスタ**にからめ、パルミジャーノ・レッジャーノをかけるのが一般的な使い方ですが、**乾麺**ともよく合います。パスタは**タリアテッレ**のような平打パスタを合わせることが多いです。**ラザニア**や**グラタン**のソースとしてもよいでしょう。イタリアには地方によってさまざまなラグーのレシピがあり、白ワインを使う場合もありますが、赤ワインを使うレシピがポピュラーです。ワインを使わなかったり、バターを加えることもあります。このレシピでは鶏のレバーを加えましたが、トスカーナ地方ではウサギのレバーを使います。

(湯浅一生／ビオディナミコ)

つくり方

ソフリットをつくる

1 鍋にオリーブ油を温め、半分に切って芯を抜いたニンニクを加える。

2 ニンニクの香りが立ってきたら強火にする。油が高温になったら玉ネギを入れ、焦げないように手早く炒める。

3 玉ネギがほんのりと色づいてきたらニンジンとセロリを加えて手早く炒め合わせる。この間、火加減はずっと強火。

4 油で野菜をコーティングしつつ水分を飛ばすイメージで炒める。匂いをかいでみて、三種の野菜が一体化した香りがしたら完成。

ラグーを仕上げる

1 ソフリットの鍋に牛挽肉を加える。

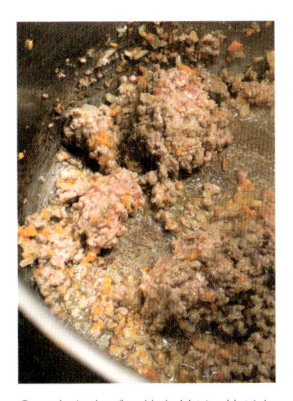

2 肉を広げて焼き付け、焼けたら返す。肉は煮ていくうちに自然とほぐれるので、ここで無理にほぐさなくてよい。

3 肉の焼ける音が、水気を含んだじゅっ、じゅっという音から、チリチリ、パチパチといった乾いた音に変わったら、鶏レバーを加えて炒め合わせる。

4 鶏レバーの表面の色が変わったら、赤ワインを加え、鍋底についた旨みをこそげて溶かしこみ、アルコール分を完全に飛ばす。

5 鍋の匂いをかいでもむせなければアルコール分が完全に飛んだしるし。ここでポルチーニを加える。戻し汁は後で加えるので取り置く。

6 続けてトマトペーストを加える。

7 トマトペーストがなじんだ状態。

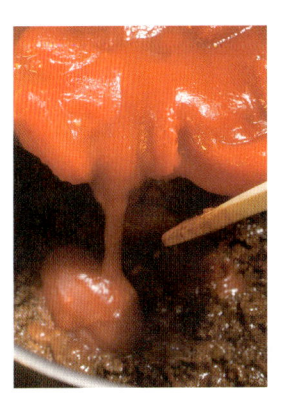

8 7の状態になったらホールトマトを加える。

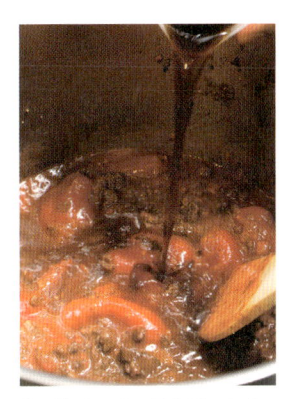

9 続けて、5で取り置いたポルチーニの戻し汁を加え、よく混ぜる。

10 ホールトマトとポルチーニの戻し汁がなじんだら、パルミジャーノ・レッジャーノの皮を加える。

11 続いてローリエとローズマリーを加え、弱火で3時間煮る。その間、焦げ付かないよう、時々かき混ぜる。最後に塩で味を調える。

12 できあがりの状態。粗熱をとり、夏は冷蔵庫で、冬は常温で一晩おく。

Part **5** 肉&魚介 77

レバーペースト

レバーのコクを強く感じる味わい

赤ワインをたっぷりと使い、ケイパーで酸味を、アンチョビで塩気を加えたレバーペースト。レバーのコクのある味わいがしっかりと感じられる仕上がりだ。

材料

- 鶏レバー（ハツ付き）…500g
- 玉ネギ…100g
- ニンジン…100g
- セロリ…100g
- アンチョビペースト…15g
- ケイパー…15g
- 赤ワイン…250g
- オリーブ油…適量

つくり方

1. 鶏レバーを掃除する。ハツは縦半分に切り、血のかたまりや血管を取り除く。レバーは筋を取り除く。レバーを小さく切り分けてしまわないように気をつける。
2. 玉ネギ、ニンジン、セロリは細かめのみじん切りにする。
3. 鍋にオリーブ油を入れて弱火にかける。**2**を加え、甘みを引き出すように約15分間炒める。
4. アンチョビペーストとケイパーを加えて強火にし、炒め合わせる。
5. 香ばしい香りが立ったら、**1**を加える。
6. 鶏レバーに火が通ったら赤ワインを注ぎ、中火にして約30分間煮る。
7. フードプロセッサーに**6**を入れ、なめらかになるまで回す。

保存方法・期間

冷蔵で2日間、真空パックにして冷凍すれば15日間保存可能。解凍する際は、湯煎にかけるなど、必ず火を入れてから使う。そうしないと臭みが出やすい。その際、加熱しすぎるとパサついてしまうので注意する。

使いみち

レバーペーストはさまざまなつくり方がありますが、これはイタリア・トスカーナ州で教わったつくり方です。日本でもそうですが、トスカーナでもレバーペーストは**前菜**の定番。塩を入れずにつくるパン、**パーネトスカーナ**をグリルしたものに塗って食べます。

（湯浅一生／ビオディナミコ）

ブランダード
白身魚の塩漬けで手軽につくる

ブランダードは
干ダラでつくるペーストだが、
これは白身魚の塩漬けでつくったもの。
白身魚は何を使ってもよい。
端材を有効活用できる上、
お客にとっては目先の変わった提案となる。

材料
- 白身魚の塩漬け…下記より30g
  - 白身魚…適量
  - 塩…適量
- ジャガイモ…200g
- 牛乳…適量
- ニンニク…1片
- タイム…1枝
- 生クリーム（乳脂肪分38％）…100g
- E.V.オリーブ油…20g
- 塩、コショウ…各適量

つくり方
1. 白身魚の塩漬けをつくる。白身魚は皮をはぎ、身全体にまんべんなくたっぷりと塩をふり、冷蔵庫に半日おく。使う魚種は白身魚ならば、タラ、イサキ、オナガ、アマダイなど何でもよく、尾の身などの端材を利用するとよい。
2. 1の塩を洗い流して水気を拭き、みじん切りにする。鍋に入れ、牛乳をひたひたに注ぎ、ニンニクとタイムを加える。弱火にかけ、魚に火が通るまで煮る。
3. ジャガイモは皮をむき、1cmの厚さに切り、やわらかくなるまでゆでる。火が通ったら湯を捨てて再び鍋を火にかけ、ゆすりながら水気を飛ばす。
4. 2の鍋の中身をザルにあけ、煮汁は捨てる。タイムは取り除き、フードプロセッサーに3とともに入れる。なめらかになるまで回したら、生クリーム、E.V.オリーブ油を加え、さらに回してよく混ぜる。塩、コショウで味を調える。

保存方法・期間
冷蔵で2日間保存可能。

使いみち
小さく丸めて衣をつけて揚げ、一口サイズの**クロケット**（コロッケ）にして**アミューズ**としたり、**マカロニ**の穴に詰め、チーズをのせて焼き、**カネロニ仕立て**にして提供したりしています。**ブイヤベース**にもよく合います。
そのまま食べてもおいしいので、**パン**を添えてシンプルに**アミューズ**として提供してもよいでしょう。

（荒井 昇／レストラン オマージュ）

イカスミソース

イカの「スミ＋身＋ワタ」を使った濃厚さ

スルメイカの身とワタも使い、イカの旨みを存分に生かしたイカスミソース。赤ワインをベースにしてコクを出すのもポイントだ。シノワで漉す際は、イカスミのザラザラした感じが残らないようにしっかりと漉すこと。

材料

- 赤ワイン…3kg
- イカスミ…600g
- A
  - 玉ネギ（大まかに切る）…600g
  - ニンジン（大まかに切る）…400g
  - セロリ（大まかに切る）…200g
  - アサリのだし(p.58)…2kg
- スルメイカ…3kg
- ニンニク（薄切り）…150g
- 赤トウガラシ…4g
- 玉ネギ（角切り）…1.2kg
- ホールトマト（ざく切り）…3kg
- オリーブ油…適量

つくり方

1. 赤ワインは半量に煮詰める。イカスミを加えてハンドブレンダーで撹拌し、さらに半量に煮詰める。シノワで漉す。
2. 鍋に**A**を入れて中火で煮る。液体の量が半量になったら煮汁を漉し取り、野菜は捨てる。
3. スルメイカをさばき、ワタは取り出して大まかに切り、身は棒状に切り揃える。
4. 鍋にオリーブ油を熱し、ニンニクと赤トウガラシを色づくまで炒める。
5. **4**に玉ネギを加えて炒める。甘みが出てきたら、**3**のワタを加えて炒め合わせる。
6. **5**に**3**の身を加え、水分をしっかり飛ばすようにして炒める。
7. **6**にホールトマトと**1**、**2**を加え、イカがやわらかくなるまで煮込む。

保存方法・期間

冷蔵で2週間、冷凍で12週間保存可能。

使いみち

パスタソースとしてはもちろん、**リゾット**にも使えます。また、**リゾットを詰めたイカ**をこのソースで**墨煮**にする他、**フリッタータ**（イタリアの卵焼き）の卵液に混ぜて焼くと生地が黒くなり、見た目の面白さを演出できます。まとめて仕込み、1人分ずつ小分けにして冷凍しておくと便利です。

（横山英樹／（食）ましか）

イカスミソース

トマトソースと魚のだしで旨みをプラス

材料

イカスミペースト…4g
ニンニク(みじん切り)…4g
玉ネギのソフリット*…15g
白ワイン…20g
トマトソース(下記)…35g
魚のブロード(下記)…300g
オリーブ油…10g

＊玉ネギのソフリットのつくり方：玉ネギをみじん切りにする。鍋に玉ネギの重量の半分のオリーブ油を入れて温め、玉ネギを加えてあめ色になるまで弱火で炒める。

保存方法・期間

冷蔵で3～4日間保存可能。

白身魚の骨からとったブロードとトマトソースを加えたシンプルなイカスミソース。これら2種の旨みがイカスミ自体の旨みと風味をしっかりと下支えする。

使いみち

定番の使いみちは**リゾット**や**パスタ**のソースでしょう。
今回は魚のブロードを使いましたが、貝を使う料理に用いるときにはブロードの一部をアサリなどの貝のだしに置き換えます。
墨袋の発達した大きな甲イカが手に入る晩春から初夏にかけては、甲イカのスミを使い、それ以外の季節には、市販のイカスミペーストを使うとよいです。

（岡野裕太／イル テアトリーノ ダ サローネ）

トマトソース

鍋にホールトマト(800g)、バジル(2枝)、オリーブ油(50g)、塩(4g)を入れて強火にかける。沸いたら弱火にして40分間煮込み、漉す。

魚のブロード

鍋にオリーブ油を温め、薄切りにした玉ネギ(1個分)、ニンジン(1本分)、セロリ(2本分)を加えて強火で炒める。香ばしい焼き色がついたら、魚の骨(2kg)と水(8L)を加えて沸騰させる。沸いたらアクを取り除いて弱火にし、アクが出るたびに取り除きながら約1時間煮出す。

つくり方

1　鍋にオリーブ油を温め、ニンニクを加える。

2　ニンニクの香りが立ってきたら、玉ネギのソフリットを加えて混ぜ合わせる。

3　白ワインを加え、アルコール分を飛ばす。

4　イカスミペーストを加える。

5　続いてトマトソースを加える。

6　さらに魚のブロードを加える。

7　沸騰させる。

8　弱火で40分間、とろみが出るまで煮詰める。写真はできあがりの状態。

イカスミのリゾット
(岡野裕太／イル テアトリーノ ダ サローネ)

イカスミソースは香りと味が飛ばないよう最後に加え、甲イカは別鍋で半生にソテーしてから加える。シンプルに見えて、イカスミとイカの旨さがストレートに伝わるよう細かな配慮を凝らした一皿。

材料 1人分
- 米(イタリア産カルナローリ)…60g
- イカスミソース(p.81)…35g
- 甲イカ…40g
- 玉ネギのソフリット(p.81)…5g
- 白ワイン…20g
- 魚のブロード(p.81)…300g
- イタリアンパセリ(粗くきざむ)…適量
- オリーブ油、バター、E.V.オリーブ油、コショウ…各適量

つくり方

1　鍋に玉ネギのソフリットを入れ、その油で米を炒める。米に透明感が出てきたら、白ワインを加え、アルコール分を飛ばす。

2　1に魚のブロードをひたひたに加えて煮る。水気がなくなったら、また魚のブロードをひたひたになるくらいの量加える。これを繰り返し、かために炊き上げる。

3　甲イカを一口大に切り、オリーブ油でさっとソテーする。一部を飾り用に取り置く。

4　2にイカスミソースを加え混ぜる。3で飾り用に取り置いたもの以外の甲イカを加える。バター、E.V.オリーブ油、コショウを加えて全体をよく混ぜる。

5　4を皿に盛り、3で取り置いた甲イカをのせ、イタリアンパセリを散らす。

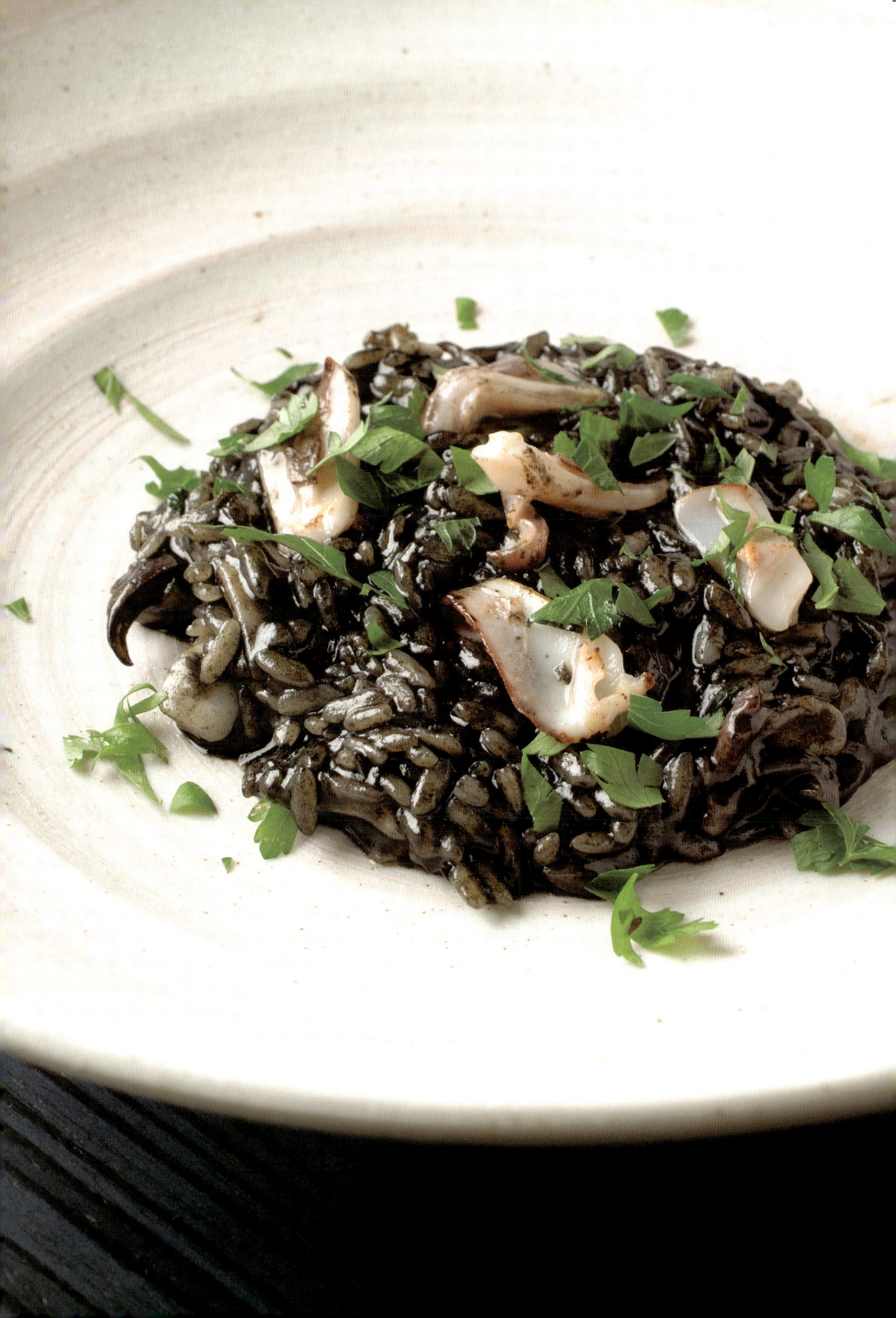

アンチョビソース

イタリア料理に醬油のニュアンスを加えるためのソース

材料
アンチョビ…300g
赤ワイン…600g

つくり方
1 アンチョビはフライパンで炒めて溶かす。
2 赤ワインを加え、半量まで煮詰める。
3 ザルで漉してアンチョビの骨を取り除く。

保存方法・期間
冷蔵で1ヵ月間保存可能。

イタリア料理に醬油は使いたくないが、醬油のニュアンスは加えたいと思って考え出したソース。材料はアンチョビと赤ワインのみとシンプルながら、しっかりとした塩気とコクのある深い味わいだ。

使いみち
カツオなど、**青魚のカルパッチョ**にかけるのがおすすめです。あるいは、**マグロの切り身**をこのソースとともに真空パックにしておくと、寿司ネタの**ヅケ**のような状態になります。オリーブ油を加えて**ドレッシング**としても。魚醬のような感覚で使えばよいと思います。

（横山英樹／(食)ましか）

カツオのカルパッチョ
（横山英樹／(食)ましか）

カツオのたたきを洋風にアレンジしてカルパッチョに（つくり方→p.68）。アンチョビソース（上記）を回しかけ、生姜のソース（p.68）をカツオにのせる。

ウニバーニャ

バーニャカウダ・ソースにウニを加えてさらに旨みをプラス

材料
- 生ウニ…100g
- ニンニク…100g
- 牛乳…200ml
- アンチョビ…30g
- 生クリーム（乳脂肪分42%）…75ml
- 塩…適量

つくり方
1. 生ウニに塩をふり、弱火にかけた蒸し器で蒸して火を通す。
2. ニンニクは牛乳でやわらかくなるまで煮る。煮汁は捨て、ニンニクは裏漉しする。
3. アンチョビは裏漉しする。
4. 1、2、3を混ぜ合わせ、生クリームを加え混ぜる。

保存方法・期間
冷蔵で4日間保存可能。

アンチョビとニンニクの旨みで野菜を食べさせるバーニャ・カウダソースに、蒸したウニを混ぜ込んでいる。ウニの旨みが加わり、野菜のみならず魚介料理にもよく合うソースになる。

使いみち
スティック野菜や温野菜、魚の揚げものに添えるとよいです。
（米山 有／ぽつらぽつら）

鮎と生姜のディップ

アユの内臓の苦みに、ショウガがさわやかさを添える

材料
- アユ…3尾
- ショウガ…40g
- オリーブ油、塩…各適量

つくり方
1. アユに塩をして1日置き、水気を拭き取る。
2. 鉄鍋に1とショウガを入れ、ひたひたにオリーブ油を注ぐ。蓋を閉めて100℃のオーブンに入れ、5時間加熱する。
3. 2をザルで漉して油は捨てる。アユとショウガはミキサーに入れ、なめらかになるまで回す。

保存方法・期間
冷蔵で4〜5日間保存可能。

ショウガとともにコンフィにしたアユを、丸ごとフードプロセッサーにかけてペーストに。アユの内臓の苦みにショウガのさわやかな香りが加わり、キレのある味わいに。

使いみち
バゲットを添えればワインにも日本酒にもよく合う酒肴になります。アユにはキュウリに似た香りがあるので、キュウリともよく合います。
（米山 有／ぽつらぽつら）

Part 5 肉&魚介

鱧出汁と茄子のソース

ハモを丸ごと食べるためのソース

ハモの骨から旨みを引き出し、
内臓を加えて楽しい食感をプラスした
ソース。ナスのほのかな甘みが加わり、
さっぱりとした中にも深みのある味わいに。
ハモを使った料理に添えれば、
ハモを丸ごと食べさせる仕立てとなる。

材料

- ハモの骨…200g
- ハモの頭…200g
- **A**
  - 玉ネギ(薄切り)…300g
  - ニンジン(薄切り)…200g
  - セロリ(薄切り)…100g
  - シメジ(薄切り)…80g
  - ショウガ(薄切り)…80g
  - 白ワイン…100g
  - アサリのだし(p.58)…2kg
- ハモの内臓(卵、浮き袋、胃袋、キモ)…100g
- ナス…500g

つくり方

1. ハモの骨は、適当な大きさに切り揃え、熱湯にさらして血抜きする。頭はさっと湯通しして、表面のぬめりを取る。
2. **1**をバットに並べ、250℃のオーブンで20〜25分間焼く。臭みが出ないよう、しっかりと焼くこと。
3. 寸胴鍋に**A**を入れて火にかける。アクを取り除きながら30分間ほど煮る。
4. **3**の鍋に**2**を加え、さらに30分間煮る。
5. 煮汁を漉し取る。
6. ハモの内臓は下ゆでし、適宜にきざんで**5**に加え混ぜる。
7. ナスは直火で網焼きにして、氷水に浸けてから皮をむく。皮をむく際に出る汁も使うので取り置く。
8. **7**を冷まし、1cmの角切りにする。
9. **6**に**7**で取り置いた汁と**8**を加え混ぜ、容器に入れて冷蔵庫で冷やし固める。

保存方法・期間

冷蔵で1週間保存可能。

使いみち

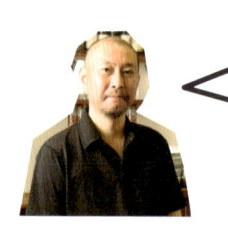

冷たいまま崩し、「**鱧と茄子のカッペリーニ**」(右記)のソースに使用していますが、温めて**パスタのソース**に使ってもよいです。あるいは、ソースでハモの身を煮てから冷やし、**洋風の煮こごり**として提供してもよいでしょう。長期間保存すると香りが飛ぶので早めに使い切ってください。

(横山英樹／(食)ましか)

鱧と茄子のカッペリーニ

(横山英樹／(食)ましか)

ハモの旨みをさっぱりと楽しめる、夏らしい冷たいパスタ。
添えたグラニテは新ショウガのピリッとした辛みがきいており、
ハモの旨み、トマトとナスの甘みを引き立てる。彩りも美しいひと皿。

材料 1人分

ハモ(骨切りしたもの)…100g
カッペリーニ…50g
ソース
　鱧出汁と茄子のソース(左記)…150g
　トマト*…30g
　レモン汁…5g
　E.V.オリーブ油…5g
新生姜のグラニテ(p.125)…50g
ベビーリーフ…適量
塩…適量

＊皮を湯むきして角切りにしたもの。

つくり方

1. ハモは湯引きし、表面をバーナーで炙る。食べやすい大きさに切る。
2. ソースの材料をすべて混ぜ合わせる。
3. カッペリーニは塩湯でゆで、氷水にとって締める。水気を切り、塩を軽くふってから2のソースで和える。
4. 器に3を盛り、1をのせる。その周囲に新生姜のグラニテを適当な大きさにくだいて盛り、ベビーリーフを添える。

酒盗あん

添えるだけ、和えるだけで酒肴ができる

材料
酒盗…25g
日本酒…100ml
卵黄…5個

つくり方
1. 鍋に酒盗と日本酒を入れ、半量になるまで煮詰める。
2. 1を冷まして裏漉しし、溶いた卵黄を加える。湯煎にかけて木ベラで練り混ぜる。とろりとしてきたら火から下ろし、裏漉しする。

保存方法・期間
冷蔵で1週間保存可能。

酒盗はカツオの内臓の塩辛。その名の通り、酒をすすめる。あん仕立てにしておけば、野菜や魚介に添えるだけ、和えるだけで、気のきいた酒肴ができあがる。

使いみち
ソテーした**根菜**に添えたり、浸し地に浸けておいた**野菜**を和えたりします（下記）。だしでゆるめて、**和えだれ**として使うこともできます。**貝類**とも相性がよいです。

（米山 有／ぽつらぽつら）

蕪のソテー　酒盗あん（手前）
鮑と赤万願寺の酒盗あん和え（奥）

（米山 有／ぽつらぽつら）

酒盗の旨みを加えた黄身あんは添えてよし、
だしでゆるめて和えだれにしてよしの使い勝手のよいタレ。
ソテーやお浸しのようにシンプルな調理をほどこした野菜に
添えたり和えたりするだけで、気のきいた酒肴ができあがる。

蕪のソテー　酒盗あん

つくり方 1人分
1. カブ（1個）は葉を根本から1.5cmほど残して切り落とし、根本に泥が残っていれば洗う。皮をむき、横半分に切る。
2. フライパンにオリーブ油を熱し、1をこんがりと焼き色がつくまでソテーする。
3. 2を皿に盛り、酒盗あん（上記、大さじ1）を添える。

鮑と赤万願寺の酒盗あん和え

つくり方 1人分
1. アワビは塩みがきし、昆布をのせて中火で3時間蒸す。
2. 赤万願寺トウガラシ（適量）は丸のまま170℃の油で素揚げし、浸し地（だし6、みりん1、淡口醬油1の割合で合わせて沸かし、冷ましたもの）に浸しておく。
3. アワビ（1/3個分）は厚さ5mmほどのそぎ切りにする。
4. 赤万願寺トウガラシ（1本）は浸け地から取り出し、ヘタを落として一口大の乱切りにする。
5. 3と4を合わせ、酒盗あん（上記、適量）で和える。

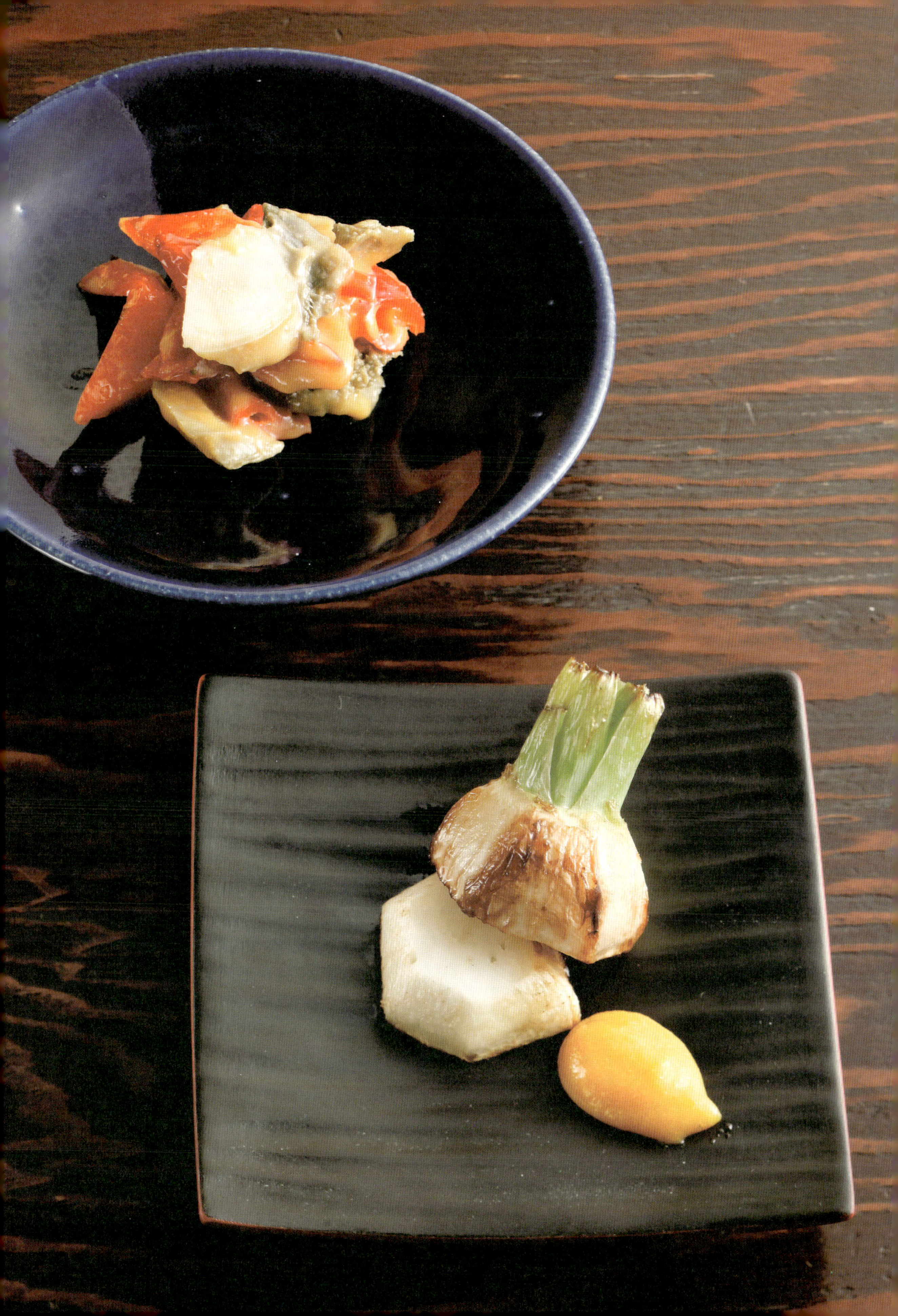

海苔ジュレ

ジュレ状にしただしに、生海苔を混ぜる

材料

だしジュレ
- だし(p.197)…1080ml
- 濃口醤油…90ml
- みりん…90ml
- 板ゼラチン…18g

生海苔…適量

つくり方

1. だしジュレをつくる。だしを沸かし、濃口醤油、みりんを加え、沸騰寸前で火を止めて漉す。水で戻した板ゼラチンを溶かす。
2. 密封容器に移して氷水にあて、冷めたら冷蔵庫に入れて冷やし固める。使用時は、適宜崩して用いる。
3. だしジュレ大さじ2に対して、生海苔小さじ1を加えてよく混ぜる。

保存方法・期間

冷蔵で2〜3日間保存可能。

土佐酢ジュレ(p.144)のアレンジ。酢は加えず、追いガツオもせず、生海苔の風味を立たせる。酸味が入らないのでアレンジの幅はぐっと広くなる。

使いみち

湯葉豆腐にウニをのせて上からかけたり、炙ったホタテ貝やアワビにかけるとよいです。この他にも種類を問わず、どんな魚介類にも合います。

（中山幸三／幸せ三昧）

海苔と黒オリーブのソース

磯の香りが立ちこめる

材料

- 焼き海苔(全型)…2枚
- バター…30g
- A
  - 黒オリーブ(粗みじん切り)…25g
  - アンチョビ(ペースト状にしたもの)…2枚分
- 鶏のだし(p.197)…125ml
- 塩、コショウ…各適量

つくり方

1. 焼き海苔は直火で軽く炙って香りを立たせ、一口大にちぎる。
2. 焦がしバターをつくる。鍋にバターを入れ、弱火にかける。ゆすりながら茶褐色になるまで加熱する。
3. 2に1、Aを加え混ぜ、アンチョビの香りが立ってきたら鶏のだしを加えてひと煮立ちさせる。
4. ミキサーに3を入れて回し、塩、コショウで味を調える。

保存方法・期間

冷蔵で4〜5日間保存可能。

焦がしバターに焼き海苔と黒オリーブを加えた磯の香り豊かな黒いソース。白い素材や料理と合わせると、白×黒のコントラストが印象的な料理になる。

使いみち

真っ黒なソースなので、白い食材を合わせると色彩のコントラストが美しい料理になります。海苔の香りが魚介類によく合うので、白子やタラのムニエル、アワビやアナゴのフリットのソースにするとよいです。

（紺野 真／オルガン）

Part 6 野菜&豆

野菜ほど多様な味わいを演出できる素材はない。
生のままハーブやオイルを混ぜたり、くたくたになるまで煮て
ピュレ状にしたり。薬味野菜や香味野菜は
その辛みや香りを生かして、味わいのアクセントに。
やさしい風味の豆や豆腐もまた、実に味わい深い
ソースやディップがつくれる。

ベトナム風トマトソース

ベトナムの調味料で味つけする

材料
- トマト（ざく切り）…700g
- A
  - シーズニングソース…15ml
  - ヌクマム…20ml
  - グラニュー糖…小さじ2
  - 黒コショウ…少量
- ニンニク（みじん切り）…1片分
- サラダ油…30ml

つくり方
1. 鍋にサラダ油を温め、ニンニクを入れる。
2. ニンニクの香りが立ってきたらトマトを加え、中火で10分ほど煮る。**A**を加えて味を調える。

保存方法・期間
冷蔵で1〜2日間保存可能。

ヌクマムとシーズニングソースで味つけしたトマトソース。
見た目は欧風のトマトソースだが、
食べてみると見事に東南アジアの味わい。
白ごはんによく合う料理がつくれる。

使いみち

トマトソースを使う料理全般に
用いることができ、どんな料理も
ベトナム風の味わいになります。ベトナムでは
シウマイ（一口大の肉団子）、**厚揚げ**、**揚げ魚**、
イカの肉詰め、**ぶつ切りの魚**などの
トマト煮込みに使います。**パスタ**ソースにも向いており、
具材は、**ツナ**、**ナス**、**アサリ**などがおすすめです。

（足立由美子／マイマイ）

トマトソース

トマトの旨さを存分に味わう

材料

トマト水煮…2550g
ソフリット
　玉ネギ…250g
　セロリ…250g
　ニンジン…250g
　オリーブ油…150g
　ニンニク…1/2片
　ローリエ…2枚
砂糖…13g
塩…14g
水…300ml

保存方法・期間
冷蔵で3日間、冷凍で1週間保存可能

スパゲティがいくらでも食べられてしまうトマトソース。シンプルな材料でつくるのに深い味わいになるのは、香味野菜を長時間しっかりと炒めて、香ばしい旨みを引き出しているから。

使いみち
このソースでつくる**スパゲティ・ポモドーロ**(右記)は、ランチコースの最後を飾る定番の一品で、お望みの量のスパゲティをお出しするのがお客さまに好評です。料理を一通り召し上がった後の締めの一品だけに、食べ飽きない味を目指しています。もちろん、スパゲティ以外に用いてもよいベーシックなトマトソースです。

(永島義国／サローネ2007)

つくり方

ソフリットをつくる

1 玉ネギは3mm角に、セロリは2.5mm角に、ニンジンは2mm角に切る。

2 フライパンにオリーブ油を温め、ニンニク、ローリエ、1を入れる。焦げないよう約15分間に1回混ぜながら、約4時間炒める。写真は炒め終わった状態。

トマトソースをつくる

1 ソフリットからローリエを取り除き、トマトの水煮、水、砂糖、塩を加えて弱火で1〜1時間半煮る。

2 1をハンドブレンダーで攪拌し、ポタージュ状になるまでしっかりと乳化させる。塩、砂糖で味を調える。

スパゲティ・ポモドーロ
（トマトソースのスパゲティ）

（永島義国／サローネ2007）

味わい深いトマトソースのおいしさをシンプルに楽しんでもらうスパゲティ。
ソースにしっかりとした旨みがあるため重いパスタ料理になりがちだが、
軽やかな味わいのオイルと辛みの強いトウガラシを使うことで、
旨みの強さと食べやすさの両立を図っている。

材料 1人分

トマトソース（左記）…100ml
スパゲティ（バリラ）…100g
ニンニクオイル*…10ml
E.V.オリーブ油（イタリア・シチリア産フラントイア）…適量
塩、コショウ…各適量

*ニンニクオイルのつくり方：ニンニク（200g）、赤トウガラシ（6本、イタリア・カラブリア産の辛みの強いもの）、オリーブ油（600g）を鍋に入れ、弱火でニンニクが濃いキツネ色になるまで加熱する。

つくり方

1 スパゲティは、たっぷりの塩湯で6分40秒間ゆでる。
2 鍋にトマトソース、ニンニクオイル、少量の水（分量外）をいれ、温めておく。
3 1をザルに上げ、2に加えてソースをからめる。
4 塩、コショウで味を調える。E.V.オリーブ油を加えて鍋をゆすり、ソースをしっかりと乳化させる。皿に盛る。

ガスパチョソース
長イモのとろみがポイント

材料

A:
- 赤パプリカ（大まかに切る）…300g
- 黄パプリカ（大まかに切る）…300g
- 玉ネギ（大まかに切る）…300g
- キュウリ（大まかに切る）…500g
- ニンニク…10g
- フルーツトマト…2kg
- 塩…10g

長イモ…300g

B:
- シェリーヴィネガー…100g
- E.V.オリーブ油…200g
- トウガラシオイル(p.114)…5g

塩…適量

つくり方

1. キッチンポットに**A**を入れ、ハンドブレンダーで細かくきざむ。
2. 目の細かいザルに上げて30分間ほど置き、余分な水分を切る。
3. 長イモは皮をむき、大まかに切る。
4. キッチンポットに**2**、**3**、**B**を入れてハンドブレンダーで撹拌し、少し粒が残る程度まで細かくする。塩で味を調える。

保存方法・期間
冷蔵で2週間保存可能。

長イモを加えることでとろみが出て分離しにくくなり、つながりがよくなる。フルーツトマトをトマトで代用すると水っぽくなってしまう。必ずフルーツトマトを使うこと。

使いみち
カッペリーニを和えて**冷製パスタ**にする他、**アユのコンフィ**や**魚のグリル**に添えるとよいです。**エビや淡白な白身魚のカルパッチョ**のソースに用いても。

（横山英樹／(食)ましか）

ソース＆ディップス Collection 5
パンを添えるだけで前菜 編

肉の旨みを楽しむ
- リエット(p.75)
- レバーペースト(p.78) 
- 金華ハムのカスタードクリーム(p.40)

魚の旨みを楽しむ
- ブランダード(p.79) 
- ポテチ入りツナマヨ(p.38) 
- 茶豆と明太子のディップ(p.119) 
- 鮎と生姜のディップ(p.85)

チーズのコクを楽しむ 
- フロマージュブランのタルタルソース(p.49)
- ゴルゴンゾーラのムース(p.50)
- ゴルゴンゾーラクリーム(p.50)

ロメスコソース
野菜とナッツでつくる万能ソース

ロメスコはスペイン・カタルーニャ地方のディップ。パプリカとトマトをベースに、ナッツやE.V.オリーブ油などを入れる。野菜、肉、魚、なんにでも合う万能なソースだ。

材料
- ミディトマト(ルビーノ)…2個
- 赤パプリカ…1個
- 玉ネギ(中)…1/3個
- ニンニク…2片
- ナッツ
  - アーモンド…5g
  - ヘーゼルナッツ…5g
  - 松の実…5g
- シェリーヴィネガー…少量
- ピマン・デスペレット*…少量
- E.V.オリーブ油…適量
- オリーブ油…適量
- 塩…適量

*フランス・バスク地方エスペレット村産赤トウガラシのパウダー。

つくり方
1. 赤パプリカは半分に切り、ヘタと種を取り除く。ミディトマトはヘタを取り除く。
2. 天板に1、皮をむいた玉ネギ、皮付きのままのニンニク、ナッツをのせてオリーブ油を回しかけ、180℃のオーブンに入れる。
3. ナッツは焼き色がついたものから取り出す。1は火が通り、焼き色がつくまで約30分間ほど焼いて取り出す。赤パプリカは皮をむく。
4. ミキサーに3を入れ、その他の材料もすべて加え、なめらかになるまで回す。水分が少なくてミキサーがうまく回らないときは、水を少量加えて調整する。

保存方法・期間
冷蔵で3〜4日間は保存可能だが、野菜がたくさん入っているので傷みやすい。つくったらできるだけ早く使うほうがよい。

使いみち

野菜なら生にもローストしたものにも合います。豚肉のコンフィ、焼いた鶏肉、焼いたりゆでたりしたタラや魚介のフライなど、さまざまな料理に合わせられます。

(紺野 真/オルガン)

野菜・豆の味わい深さを楽しむ

- 冷たいチーズフォンデュ (p.54)
- 生山葵とクリームチーズ (p.52) 
- ヒヨコ豆のペースト (p.118) 
- ワカモレ (p.108) 
- キャビア・ド・オーベルジーヌ (p.102) 
- ワカモレ・フレスコ (p.106) 
- 豆腐ディップ (p.132)
- ワカモレ・ヌエス (p.107)
- オリーブペースト (p.63) 
- カリフラワーとブロッコリーのディップ (p.115) 

Part 6 野菜&豆

アマトリチャーナのソースベース
バターとの相性を考慮し、トマトの味わいをシンプルに生かす

材料
- ベーコン(太めの拍子木切り)…2kg
- 玉ネギ(繊維に沿って薄切り)…2.5kg
- A
  - ホールトマト(ざく切り)…3kg
  - 塩…10g
  - 黒コショウ…8g
- オリーブ油…150g

＊イタリア産の羊乳のハードチーズ。

つくり方
1. 鍋にオリーブ油を熱し、玉ネギを炒める。甘みが出てきたらベーコンを加えてさらに炒める。
2. ベーコンの表面がカリッとしたら、Aを加えて30分間煮込む。

保存方法・期間
冷蔵で1週間保存可能。

アマトリチャーナのソースには
オリーブ油のみを使うのが一般的だが、
(食)ましかではバターを加えて
仕上げている。バターを使うと
よりコクのあるパスタソースとなり、
トマトの甘みもより強く感じられる。
そのためベースとなるこのソースには
余計な甘みは加えず、シンプルに
トマトの味わいを生かすレシピにしている。

使いみち

パスタソースとして**アマトリチャーナ**(下記)をつくる際に使いますが、シンプルな**キッシュ**にかけて温めるのもおすすめです。あるいは、ゆでたジャガイモと混ぜ合わせて**コロッケ**にしたり、煮詰めたものをご飯に混ぜて**ライスコロッケ**にしてもいいです。

(横山英樹／(食)ましか)

バターで仕上げるアマトリチャーナのつくり方 1人分

1. 鍋にアマトリチャーナのソースベース(200ml)を温め、バター(50g)を加えてなじませる。
2. 塩湯でゆでたパスタ(60g)の水気を切り、1に加えてからめる。皿に盛り、ペコリーノ(すりおろし、10g)、黒コショウ(少量)、パセリ(みじん切り、少量)をかける。

ペスト・トラパネーゼ
ニンニクのきいたシチリアの万能ソース

イタリア・シチリア島の港町
トラパニの名がついたソースで、
その地の特産品で構成されている。
ニンニクのパンチ力、アーモンドのコク、
トマトの酸味、バジルの香りが合わさった、
さわやかでコクのある味わい。

材料
- ニンニク(大)…1片
- アーモンド…30g
- トマト*…400g
- バジルの葉…10枚
- ペコリーノ・ロマーノ(すりおろし)…10g
- E.V.オリーブ油(イタリア・シチリア産フラントイア)…45ml
- 塩…約5g

＊シシリアンルージュまたは完熟トマトを使用。

つくり方
1. アーモンドは熱湯に3分間浸す。皮がふやけたら手でむく。
2. トマトは熱湯に10秒間入れて、すぐに氷水にとり、皮をむく。
3. ミキサーに1、ニンニク、E.V.オリーブ油、塩を入れて粗めのペースト状になるまで回す。
4. 2、バジルの葉、ペコリーノ・ロマーノを加えてさらに回し、粗めのペースト状にする。塩で味を調える。

保存方法・期間
冷蔵で4〜5日間保存可能。

使いみち

イタリア・シチリア島のトラパニでは**ブジアーテ**(らせん状のロングパスタ)に合わせるのが定番の使い方です。トマトやバジルに火が入らないよう、ゆでたパスタをボウルにとり、ソースを加えて和えるのが調理のポイント。シチリア島では島内のヌビア村産の小ぶりで香りの強い赤ニンニクを使ってつくり、ニンニクの風味が強いことからこのパスタは別称ニンニクのパスタともいわれています。定番の用途は**パスタ**ですが、実は**野菜、肉、魚**なんにでも合う万能ソースです。イタリアでは**ナスのグリル**のソースにもします。**空豆**や**サヤインゲン**に添えてもよいでしょう。魚なら**カジキマグロ**や**ハタ**などの脂がのって身がぷりっとした白身魚を、肉なら**羊**を**オーブン焼き**にしたものに添えるとよいです。また、**揚げた魚**にも合います。
なお、このペーストは伝統的なつくり方ではチーズを入れないのですが、修業先であるシチリア島リカータのリストランテ「ラ・マディア」で教わった通り、旨みを補う程度にペコリーノを入れています。

(永島義国／サローネ2007)

ソース・ラヴィゴット
香草の香りをきかせた酸味のあるソース

材料
- A
  - トマト（粗くきざむ）…160g
  - タスマニア・マスタード（粒）…50g
  - 松の実（みじん切り）…35g
  - エシャロット（みじん切り）…20g
  - ケイパー（みじん切り）…10g
  - シブレット（みじん切り）…4g
  - エストラゴン（みじん切り）…2g
- ヴィネグレット（p.197）…25g
- 塩…2g

つくり方
1. ボウルに **A** を入れて混ぜ、ヴィネグレットを加えて和える。塩で味を調える。

保存方法・期間
冷蔵で2日間保存可能。

使いみち
万能ソースです。何に添えてもよいですが、たとえば**冷製のテリーヌ**などにはとてもよく合います。テリーヌの中身は**野菜**のみでも、**魚介**でも、**肉**でも。**魚にせん切りのジャガイモをまとわせてこんがりと焼いたもの**に添えたりもします。さっぱりとした味わいなので、コクのある素材、油脂を使った料理には特によく合います。

（荒井 昇／レストラン オマージュ）

ラヴィゴットは、ケイパー、酢、香草を使うフランスの伝統的なソース。
そこにタスマニア産大粒マスタードのぶちぶちとした食感と、
トマトのさわやかな酸味を加えている。

トマトとアサリ、ナンプラー、パクチー、ケイパーのケッカソース
イタリア料理のソースをアジア食材でアレンジ

材料
- フルーツトマト（粗くきざむ）…2個
- アサリ（砂抜きしたもの）…40g
- 白ワイン…20ml
- ケイパー…2g
- ナンプラー…5ml
- 香菜（粗くきざんだもの）…ひとつかみ
- ニンニク（みじん切り）…1片分
- オリーブ油…適量

つくり方
1. フライパンにオリーブ油とニンニクを入れて中火にかける。ニンニクの香りが立ってきたら、アサリと白ワインを加える。
2. アサリの殻が開いたらいったん取り出す。フルーツトマト、ケイパーを加え、トマトが煮崩れるまで煮る。
3. ナンプラーで味を調え、香菜を加え、アサリを戻し入れる。

保存方法・期間
当日中に使い切る。

使いみち
魚のポワレや**塩焼き**に添えるとよいです。魚種は**白身**でも**青魚**でもよく合います。

（米山 有／ぽつらぽつら）

ケッカソースはトマトとバジルを使ったイタリア料理のソース。
バジルを香菜に置き換えてアレンジし、アサリとナンプラーの
二種の魚介系の旨みを加えて、
魚介に合わせるソースとした。

サルサ・メヒカーナ
辛みのあるフレッシュトマトソース

材料
- トマト…300g（完熟、中2個）
- A
  - 香菜（みじん切り）…5g
  - 赤玉ネギ（みじん切り）…30g
  - ハラペーニョ（酢漬け、みじん切り）…15g
- ライム汁…1/8〜1/6個分
- 塩…3g

つくり方
1. トマトは皮を湯むきして、7〜8mm角に切る。
2. 1にAを加え混ぜ、ライム汁と塩で味を調える。2〜3時間おいて味をなじませる。

保存方法・期間
冷蔵で3日間保存可能だが、翌日までに使い切ったほうがよい。

辛みのきいたさわやかなフレッシュトマトのソース。サルサはソース、メヒカーナはメキシコの意。名前の由来は、色の組み合わせがメキシコの国旗と同じというところから。

使いみち 
トルティージャチップスに添えてつまみにする他、**カルパッチョ**のソースとしてもよいです。**コチ**や**ホウボウ**などの淡白な魚を使った料理のソースとしても使えます。
（中村浩司／アシエンダ デル シエロ）

サルサ・メヒカーナ・コン・フルータ
フルーツ入りの辛いフレッシュトマトソース

材料
- サルサ・メヒカーナ…上記掲載のできあがり全量
- マンゴー（果肉）…50g

つくり方
1. マンゴーは7〜8mm角に切る。
2. サルサ・メヒカーナに1を混ぜる。

保存方法・期間
使うたびにつくり、その都度使い切る。

辛みのあるフレッシュトマトソースに、マンゴーをプラス。トマトと果物の異なる酸味と甘みを、トウガラシの辛みとハーブのさわやかな風味が引き立てる。

使いみち 
トルティージャチップスを添えて**前菜**としても、料理に添えてもよいです。ここでは**マンゴー**を加えましたが、**オレンジ**や**グレープフルーツ**などの**柑橘**、**マスカット**などの**ブドウ**を加えてもよいです。フルーツはいろいろ取り混ぜず、一種類のみを混ぜます。料理に添える際には主素材と相性のよいフルーツを加えるとよいでしょう。マンゴー入りのものは、**タイ**や**エビ**、**ヒラメ**の**カルパッチョ**によく合います。
（中村浩司／アシエンダ デル シエロ）

サルサ・フレスコ
香菜とクミンが香るフレッシュトマトソース

材料
- サルサ・メヒカーナ…p.99掲載のできあがり全量
- 香菜（みじん切り）…少量
- クミンパウダー…少量
- E.V.オリーブ油…30ml

つくり方
1. ボウルに材料をすべて入れて混ぜ合わせる。

保存方法・期間
冷蔵で3日間保存可能だが、翌日までに使い切ったほうがよい。

完熟トマトを生のまま使ったソース、サルサ・メヒカーナ（p.99）に香菜とクミンを足し、より香り豊かなソースにアレンジ。

使いみち
スパイシーな味つけをした料理に添えるとよいです。また、**脂ののった魚**にもよく合います。**イカ**や**サーモン、スズキ、クロムツ**などの**グリル**に添えるとよいでしょう。
（中村浩司／アシエンダ デル シエロ）

サルサ・フレスコ・コン・チポトレ
燻製トウガラシを加えたフレッシュトマトソース

材料
- サルサ・フレスコ…上記掲載のできあがり全量
- チレ・チポトレ（粗みじん切り）*…15～20g

＊熟したハラペーニョの燻製。ここでは、アドボというトマトベースの香辛料入りソースに漬け込んだものの缶詰を使用。

つくり方
1. サルサ・フレスコにチレ・チポトレを加えて混ぜる。

保存方法・期間
使うたびにつくり、その都度使い切る。

クミン入りのフレッシュトマトソースに、チポトレを加えたソース。チポトレは赤トウガラシの燻製をトマト煮にしたもの。辛みだけでなく、醤油を思わせるようなコクのある深みが加わる。

使いみち
チポトレが入っているため、**グリルした魚や肉**に負けないコクがあります。**炭火で焼いた魚、イカ、タコ、鶏、豚、牛**などとは相性が特によいです。**焼き鳥**に添えて変わり薬味としてもよいでしょう。
（中村浩司／アシエンダ デル シエロ）

グリル・ド・オクトパス
サルサ・フレスコ・コン・チポトレ添え

(中村浩司／アシエンダ デル シエロ)

タコは下ゆでしたときの煮汁を煮詰めてソースとし、塗ってグリルすることで香ばしい味わいに。付け合わせはグリル野菜。コクと旨みのある辛いフレッシュトマトソースを添えている。

材料 1人分

水ダコの脚*1…1本
タコの煮汁*1…適量
付け合わせの野菜*2…適量
サルサ・フレスコ・コン・チポトレ(左記)
　…適量
アチョーテ(パウダー)*3…適量
香菜(みじん切り)…適量
サラダ油…適量

*1 水ダコの下ゆでと煮汁：水ダコの脚(1kg)は流水でよく洗う。圧力鍋に、水ダコ、酒(50ml)、濃口醤油(50ml)、昆布だし(p.197、500ml)を入れ、15分間加圧する。鍋が冷めたら、水ダコは取り出し、煮汁はとろみがつくまで煮詰める。

*2 小ナス、ゆでたトウモロコシ、ラディッシュ、ミニニンジン、ミニコマツ菜、紅芯ダイコンを使用。

*3 アチョーテ(ベニノキ)の実からつくる赤い粉末状のスパイス。辛みはなく、主に色づけに使われる。

つくり方

1 水ダコの脚にタコの煮汁を塗り、サラダ油をひいたグリルパンでこんがりと焼く。

2 付け合わせの野菜は食べやすい大きさに切り、サラダ油をひいたグリルパンでこんがりと焼く。

3 1は食べやすい大きさに切り、2とともに皿に盛る。サルサ・フレスコ・コン・チポトレをかけ、アチョーテをふり、香菜を散らす。

Part 6 野菜&豆

ソース・アンティボワーズ

トマトやハーブのさわやかなソース

材料
- トマト(中)…1個
- エシャロット(みじん切り)…¼個分
- ニンニク(みじん切り)…½片分
- アンチョビ…1枚
- A
  - イタリアンパセリの葉(みじん切り)…3枚分
  - 黒オリーブ(みじん切り)…3粒分
  - レモンコンフィ(p.198、みじん切り)…小さじ⅓
  - ディルの葉(みじん切り)…適量
  - レモン汁…½個分
  - E.V.オリーブ油…大さじ1.5
- オリーブ油、塩、コショウ…各適量

つくり方
1. フライパンにオリーブ油をひき、弱火にかける。エシャロットとニンニクを入れてしんなりするまで炒め、冷ましておく。
2. トマトは種を取り除き、5mm角に切る。アンチョビは包丁で叩いてペースト状にする。
3. 1、2、Aを混ぜ合わせ、塩、コショウで味を調える。

保存方法・期間
冷蔵で4〜5日間保存可能。

フレッシュのトマトやハーブをふんだんに使った南仏・アンティーブのソース。自家製のレモンコンフィを加え、さわやかな香りとコクのある味わいにアレンジしている。

使いみち

白身魚のポワレやアナゴの白焼き、焼いた牛肉や鶏肉など、魚にも肉にもオールマイティーに使えます。さっぱりと食べさせたい料理に、薬味の感覚で添えるとよいです。

(紺野 真／オルガン)

キャビア・ド・オーベルジーヌ

オイルをかけてとろとろになるまで焼いたナスのペースト

材料
- ナス(中)…7本
- A
  - ニンニクのコンフィ(p.110)…2片
  - アンチョビ(みじん切り)…3枚分
  - ドライトマト(みじん切り)…4個分
  - 黒オリーブ(みじん切り)…3粒分
- オリーブ油…適量
- 塩、コショウ…各適量

つくり方
1. ナスは縦半割りにし、断面に格子状に包丁を入れる。天板に並べ、オリーブ油を回しかける。220℃のオーブンで18〜20分間焼く。
2. 1のナスは果肉をスプーンでかき出し、皮のうち¼をみじん切りにし、残りは捨てる。
3. 2とAを混ぜ、塩、コショウで味を調える。

保存方法・期間
冷蔵で1週間保存可能。

名前はフランス語で「ナスのキャビア」という意味。食べごたえがありつつも、野菜ならではの軽さがある。そのまま食べてよし、料理に添えてもよしと抜群の使い勝手。

使いみち

ソース・アンティボワーズ(上記)とともに白身魚のポワレ(右記)に添えています。そのままバゲットにのせればワインのつまみにもなります。青魚のローストやスモークに添えてもよいでしょう。

(紺野 真／オルガン)

白身魚のポワレ
ソース・アンティボワーズと
キャビア・ド・オーベルジーヌ添え

(紺野 真／オルガン)

身の厚いヒラメを、皮はパリッと身はしっとりとしたポワレに。さわやかな酸味のソース・アンティボワーズと、コクのあるキャビア・ド・オーベルジーヌを添える。

材料 1人分

- ヒラメ（フィレ）…100g
- ソース・アンティボワーズ（左記）…15ml
- キャビア・ド・オーベルジーヌ（左記）…50g
- アスパラガス（細め）…2本
- ダイコン…適量
- 枝豆（ゆでたもの）…12粒
- クレソン…適量
- サラダ油、オリーブ油…各適量
- 塩…適量

つくり方

1 ヒラメに塩をふる。フライパンにサラダ油とオリーブ油を半量ずつ入れ、ヒラメを皮面から中弱火で焼く。

2 ヒラメの皮がパリッと香ばしく焼けたら裏返し、弱火にして身側を軽く焼き、取り出して余熱で火を通す。

3 アスパラガスは根元のかたい皮をむいてゆで、長さ2〜3cmに切る。ダイコンは薄切りにして直径2cmのセルクルで抜き、クレソンとともに冷水に放ってしゃきっとさせ、水気を拭く。

4 皿にソース・アンティボワーズを敷き、2をのせる。クレソンとダイコンを上に盛る。キャビア・ド・オーベルジーヌを添え、枝豆とアスパラガスを飾る。

Part 6 野菜&豆

玉ネギのソース
炒め玉ネギの濃厚なソース

じっくりと炒めて甘みとコクを引き出した
玉ネギに、バルサミコ酢と
フォン・ド・ヴォーを足して、
さらに濃厚なコクのあるソースに。

材料
あめ色玉ネギ(p.120)…90g
A [バルサミコ酢(とろみが出るまで煮詰めたもの)…20ml
　　フォン・ド・ヴォー(p.198)…70ml
　　マデラ酒…適量]
塩…適量

つくり方
1. あめ色玉ネギを鍋に入れ、火にかけて軽く温める。
2. 香りが立ってきたら、Aを加える。とろみが強すぎるときは水を加える。水っぽいときは、鍋の中からあめ色玉ネギを適量取り出し、ミキサーにかけてなめらかな状態にしたものを鍋に戻し入れる。
3. 2を裏漉しし、塩で味を調える。

保存方法・期間
冷蔵で3〜4日間保存可能。

使いみち
アナゴのポワレに添えています。**ハンバーグ**や**野菜の肉詰め**などの**挽肉料理**とも相性がよいです。
（紺野 真／オルガン）

赤玉ネギのコンフィ
赤玉ネギのねっとりと濃厚なジャム

しんなりとするまで炒めた赤玉ネギに、
赤ワイン、砂糖、バルサミコ酢を加え、
ねっとりと濃厚なジャム仕立てに。

材料
赤玉ネギ…700g
上白糖…150g
赤ワイン…250ml
バルサミコ酢…10ml
オリーブ油…適量
塩…適量

つくり方
1. 赤玉ネギは繊維に沿って薄切りにする。鍋にオリーブ油を温め、赤玉ネギを加えて、塩をふる。赤玉ネギがしんなりするまで中火で炒める。
2. 1に上白糖、赤ワイン、バルサミコ酢を加えて煮詰める。木ベラで鍋底をこすると筋が残るくらいの濃度になったら火から下ろして冷ます。

保存方法・期間
冷蔵で2週間保存可能。

使いみち
ゴルゴンゾーラのムース(p.50)とともに、**バゲット**を添えて提供しています（右記）。
（米山 有／ぽつらぽつら）

サルサ・セボラ

生の玉ネギの辛みとハーブの香りで、料理をさっぱりと食べさせる

材料

- 玉ネギ(みじん切り)…140g
- ハラペーニョ(酢漬け、みじん切り)…10g
- 香菜(みじん切り)…15g
- イタリアンパセリ(みじん切り)…15g
- タイムの葉…8g
- ニンニク(みじん切り)…5g
- ライム汁…1/2～1個分
- オリーブ油…50ml
- 塩…ひとつまみ
- 黒コショウ…少量

つくり方

材料をすべてボウルに入れて混ぜ、2～3時間おいて味をなじませる。時間をおくと、玉ネギがライムの果汁やハーブの香りを吸収して、よりおいしくなる。

保存方法・期間

翌日まで保存可能だが、ハーブの色が悪くなるので、つくった当日中に使い切ったほうがよい。

セボラはスペイン語で玉ネギのこと。生の玉ネギの辛みに、ハーブ数種の香りが加わった万能調味料。メキシコでは卓上調味料として、素材や調理法を問わず、野菜、魚、肉、何にでも好みで合わせる。

使いみち

日本料理におけるダイコンおろしのような感覚で料理をさっぱりと食べさせたいときに添えるソースです。**グリルした野菜、魚、肉**には特によく合います。メキシコでは**ケサディーヤ**(トウモロコシなどでつくるクレープ状の生地に具材とチーズをはさんで焼いた料理)にも添えます。**ホットドッグ**や**サンドイッチ**、**ハンバーガー**の薬味に使ってもよいです。

(中村浩司／アシエンダ デル シエロ)

ゴルゴンゾーラのムースと赤玉ネギのコンフィ

(米山 有／ぽつらぽつら)

ゴルゴンゾーラのムースと赤玉ネギのコンフィを盛り合わせ、カリカリに焼いたバゲットを添えて前菜に。ワインがすすむひと品(つくり方→p.51)

Part 6 野菜&豆

ワカモレ・フレスコ

メキシコ発祥のアボカドディップ

材料

アボカド…2個
A ┃ 香菜(みじん切り)…小さじ1
　┃ 赤玉ネギ(みじん切り)…小さじ3
　┃ ハラペーニョ(酢漬け、みじん切り)
　┃ 　…小さじ1
　┃ トマト(粗みじん切り)…大さじ1
ライム汁…1/4個分
塩…適量

つくり方

1. アボカドは皮と種を取り除き、ボウルに入れる。泡立て器でつぶして粗めのペースト状にする。
2. 1にAを加え混ぜ、ライム汁と塩で味を調える。

保存方法・期間

使うたびにつくり、その都度使い切る。

いわずと知れたメキシコのアボカドディップ。
トルティージャチップスや
バゲットを添えて前菜にすることも多いが、
実は肉、魚、野菜、
どんな素材にも合う万能ディップ。

使いみち

トルティージャチップスやパンを添えれば
前菜になります。また、グリルした鶏肉に
ソースとして添えるという使い方は、メキシコでは定番の用途です。
マグロの刺身をヅケにして炙り、ワカモレに混ぜ込んで、
前菜や酒肴にするのもおすすめ。
ワカモレはそれ自体が完成された味わいなので、
さまざまな素材を混ぜてアレンジするのに向いています。
フルーツやナッツを混ぜたり(右記)、
野菜やハーブを混ぜたりして使うとよいです。
混ぜるものは、合わせる料理の主素材と
相性のよいものを使ってください。

(中村浩司/アシエンダ デル シエロ)

column メキシコ料理に学ぶソースとディップの展開

ワカモレ・フレスコ(上記)
　+フルーツ → ワカモレ・フルータ(右記)
　+ナッツ → ワカモレ・ヌエス(右記)

サルサ・メヒカーナ(p.99)
　+フルーツ → サルサ・メヒカーナ・コン・フルータ(p.99)
　+ハーブ → サルサ・フレスコ(p.100)
　+トウガラシ → サルサ・フレスコ・コン・チポトレ(p.100)

メキシコ料理のサルサはさまざまな料理に添えるディップやソースのこと。日本で最もポピュラーなものはアボカドのディップ、ワカモレ(上記)だろう。本書掲載のサルサ・メヒカーナ(p.99)はフレッシュトマトのサルサで、サルサの代表格である。
　どちらもフルーツやナッツ、ハーブ、トウガラシを加えてアレンジ可能。野菜のソースやディップにプラスアルファして展開するこの知恵は、ソース&ディップの世界をより広げるための参考になるメソッドだ。

ワカモレ・フルータ
アボカドディップにフルーツをプラス

ワカモレには、実はフルーツがよく合う。
メキシコでは定番の食べ方だ。
柑橘やベリー、トロピカルフルーツを
3〜4種ほど混ぜ、
フルーツサラダとして食べるとよい。

材料 1人分
ワカモレ・フレスコ…左記掲載のできあがり全量
フルーツ…以下を合わせて40〜50g
- イチゴ…適量
- マンゴー…適量
- パイナップル…適量
- ブルーベリー…適量
- グレープフルーツ…適量

つくり方
1. フルーツは皮や種、ヘタなどの食べない部分を取り除き、5mm角に切る。
2. ワカモレ・フレスコにフルーツを混ぜる。

保存方法・期間
使うたびにつくり、その都度使い切る。

使いみち 
フルーツサラダとしてそのまま食べるのがおすすめで、どんなフルーツを混ぜてもよいです。料理に添える際には主素材と相性のよいフルーツを使ってください。たとえば、このレシピであれば、**エビ**や**カニ**などの**甲殻類**に、**オレンジ**入りならば**タコ**に、**マスカット**や**ライム**(果肉)入りなら**イカ**の料理によく合います。

(中村浩司／アシエンダ デル シエロ)

ワカモレ・ヌエス
ナッツ入りのアボカドディップ

ヌエスはスペイン語でナッツの意。
メキシコではナッツやドライフルーツ入りの
ワカモレもポピュラーなディップだ。
どんなナッツ、ドライフルーツを
混ぜてもよいが、料理に合わせるなら
主素材と相性のよいものを選ぶとよい。

材料 1人分
ワカモレ・フレスコ…左記掲載のできあがり全量
セミドライフルーツ…以下を合わせて20g
- 干しイチジク…適量
- 干しアンズ…適量
- レーズン…適量
- クランベリー…適量

ナッツ…以下を合わせて20g
- クルミ…適量
- アーモンド…適量

つくり方
1. 干しイチジクと干しアンズは、手で好みの大きさにちぎる。クルミとアーモンドは粗くくだく。
2. 1とその他の材料すべてを混ぜる。

保存方法・期間
使うたびにつくり、その都度使い切る。

使いみち 
パンや**トルティージャチップス**を添えてもよく、**肉料理**に合わせてもよいです。この配合なら**焼いた牛肉**によく合います。**焼いた鴨**や**フォワグラのテリーヌ**に合わせるなら**クルミ**や**アーモンド**のみを、**豚肉**なら**松の実**だけを混ぜるとよいでしょう。

(中村浩司／アシエンダ デル シエロ)

Part 6 野菜&豆

ワカモレ

口に入れるとさっと溶ける上品なディップ

材料
- アボカド(5mm角に切る)…½個分
- エシャロット(みじん切り)…30g
- レモン汁…3g
- パプリカパウダー…2つまみ
- 塩…適量

つくり方
1. ボウルに材料を入れて混ぜる。

保存方法・期間
当日中に使い切る。

メキシコ料理のアボカドディップを
フランス料理流にアレンジ。アボカドは
小さく角切りにし、クリーミーな口溶けに。
メキシコのパンチのきいた味とは
対照的な上品なワカモレ。

使いみち

さまざまな肉によく合うソースです。「鴨の藁焼き ワカモレとチョコレートソース添え」(下記)のように**焼いた鳥類**とも合いますし、**豚、牛、羊、ウサギ**など、幅広く合わせられます。
これらの肉の煮込みに添えてもよいでしょう。
また、**カニ、マグロ、白身魚のタルタル、エビ**などと合わせて前菜にしたり、**カルパッチョ**に添えてもよいです。

(荒井 昇/レストラン オマージュ)

鴨の藁焼き　ワカモレとチョコレートソース添え

(荒井 昇/レストラン オマージュ)

稲藁でスモークした鴨肉にカレー粉入りのチョコレートソースと
ワカモレを添えている。鶏肉をチョコレート入りのソースで煮込んだメキシコ料理
「モレ・デ・ポージョ」をフランス料理の視点で再構築したもの。

材料 4人分
- 鴨ムネ肉…1枚
- ワカモレ(上記)…80g
- 玉ネギ(みじん切り)…適量
- トマト(2~3mm角に切る)…適量
- ルーコラ・セルバチカ…4枝
- チョコレートソース
  - チョコレート…5g
  - バルサミコ酢…100ml
  - カレー粉…ひとつまみ
  - ジュ・ド・ヴォライユ(p.20)…100ml
  - バター…5g
- 稲藁*1…ひとつかみ
- ピマン・デスペレット*2…適量
- サラダ油、塩、コショウ…各適量

*1 米農家から取り寄せたもの。
*2 フランス・バスク地方エスペレット村産赤トウガラシのパウダー。

つくり方

1. 鴨を焼く。
   ① フライパンにサラダ油をひき、中火にかける。鴨ムネ肉を皮目を下にしてフライパンに入れ、焼き色がついたら裏返す。
   ② 身側にも焼き色がついたら、サラマンダーに移す。皮側を1分30秒間焼いたら温かい場所で5分間やすませ、身側も同様に焼いてやすませる。これをさらに2回繰り返す。
   ③ アルミホイルで包み、温かい場所で約40分間やすませる。

2. チョコレートソースをつくる。バルサミコ酢を温め、チョコレートを溶かす。ジュ・ド・ヴォライユとカレー粉を加え、表面に鏡のようなツヤが出てとろみがつくまで煮詰める。バターを加え混ぜて乳化させ、塩、コショウで味を調える。

3. 焼いた鴨を稲藁でスモークする。
   ① 中華鍋の底に稲藁を敷き、鍋の口径よりも大きい網を乗せて火にかける。
   ② 稲藁から煙が出てきたら、網の上に1の鴨を置く。ボウルを逆さにかぶせて蓋をし、1分30秒間、鴨を煙に当てる。

4. 3の肉を1人分20gに切り分け、皿に盛ってコショウをふる。ワカモレを添え、その上に玉ネギ、トマト、ルーコラ・セルバチカをのせ、ピマン・デスペレットをふる。2のチョコレートソースを2箇所に丸く置く。

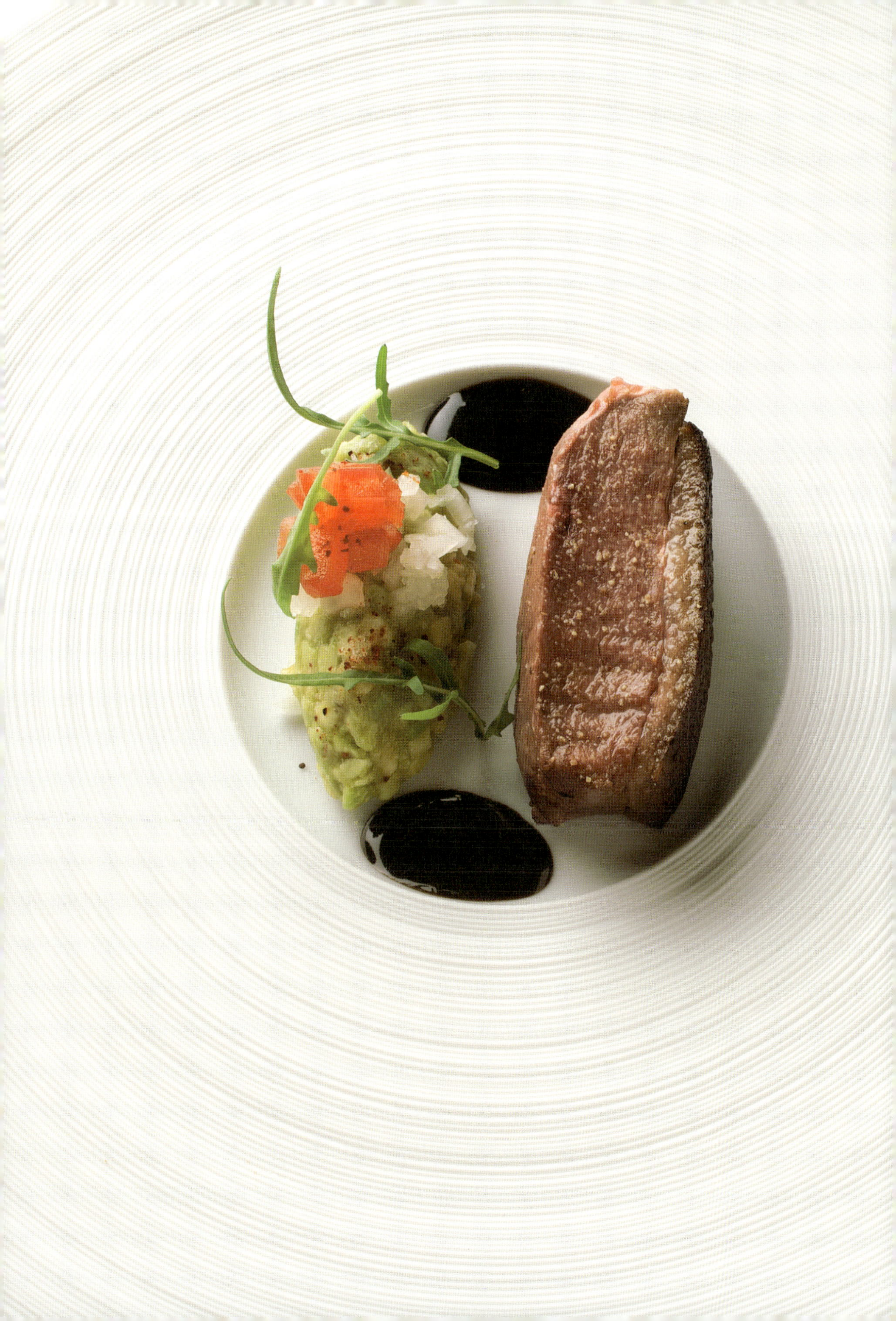

赤ピーマンのピュレ

赤ピーマンの濃厚な旨みを凝縮する

材料
赤ピーマン…5〜6個
ニンニクのコンフィ*…2片
E.V.オリーブ油…5ml
塩…適量

*油脂で鴨を煮てコンフィを仕込む際に油脂に加えたものを取り置く。ない場合は、下記の通りにしてつくる。鍋に皮をむいたニンニク（適量）を入れ、かぶるくらいの量のオリーブ油を加えて弱火にかける。ニンニクが指で簡単につぶせるくらいやわらかくなるまで、約15分間ほど煮る。

つくり方
1. アルミホイルを二つ折りにして赤ピーマンをすべて入れ、アルミホイルの三方をそれぞれ三つ折りにして包む。
2. 1を180℃のオーブンで20分間加熱して赤ピーマンを蒸し焼きにする。
3. アルミホイルをそっと開き、中にたまった汁を取り置く。赤ピーマンは皮をむき、半分に割ってヘタと種を取り除く。このときに実から出る汁も取り置く。
4. フードプロセッサーに3の果肉と汁、ニンニクのコンフィ、E.V.オリーブ油、塩を入れ、ピュレ状になるまで回してシノワで裏漉しする。

保存方法・期間
冷蔵で4日間、冷凍で15日間保存可能。

赤ピーマンだからこそ出せる
濃厚な味わいがキモ。赤パプリカでは
水っぽくなってしまう。また、網焼きせず、
蒸し焼きにして皮をむくことで、
焦げ臭のないピュアな香り、
味わいを引き出している。

使いみち
「鶏胸肉のスモーク　赤ピーマンのジュレ」
「豚肉のバロティーヌ　赤ピーマンのピュレ添え」
（ともに右記）に使っています。
鶏ムネ肉や豚肉のロースト、
さっとグリルしたホタテ貝柱などにもよく合います。

（紺野 真／オルガン）

column 野菜のピュレを展開する

赤ピーマンのピュレの展開例

赤ピーマンのピュレ（上記）

→ そのままでソースに → 豚肉のバロティーヌ 赤ピーマンのピュレ添え（右記）

→ +ゼラチンでジュレに → 鶏胸肉のスモーク 赤ピーマンのジュレ（右記）

+生クリーム、ゼラチンでムースに 
赤ピーマンのムース（p.112）

→ 料理に添える → 帆立のグリエ 赤ピーマンのムースとブラータ添え（p.112）

　野菜のピュレはソースにしてよし、フォンやブイヨンで溶いてスープにしてよしと使い勝手のよいパーツだ。さらに泡立てた生クリームとゼラチンを加えれば、ふんわりと口溶けのよいムースに。ピュレ同様に料理にソースとして添えてもよいし、前菜にも活用できる。本書には赤ピーマン（上記）とトウモロコシ（p.121）のレシピを掲載。さまざまな野菜に活用しやすいテクニックだ。

鶏胸肉のスモーク 赤ピーマンのジュレ

(紺野 真／オルガン)

しっとりとスモークした鶏ムネ肉に、
赤ピーマンのジュレをまとわせた冷前菜。
紅カマボコを思い起こさせる見た目の面白さも
さることながら、こう仕立てることで
ピュレと肉を均一のベストな割合で食べさせられる。
(つくり方→p.195)

豚肉のバロティーヌ 赤ピーマンのピュレ添え

(紺野 真／オルガン)

塩漬けにした豚バラ肉で
挽肉のファルスを包んで焼いたバロティーヌに
赤ピーマンのピュレをソースとして添えている。
ファルスにはパプリカパウダーを加え、
付け合せには赤ピーマンのペピラードを。
3つのパーツそれぞれに赤ピーマンの要素を
用いることで一体感が生まれる。
(つくり方→p.196)

赤ピーマンのムース

なめらかな口当たりと濃厚な旨み

材料
赤ピーマンのピュレ（p.110）…300g
板ゼラチン…6g
生クリーム（乳脂肪分38%）…100g
塩…適量

つくり方
1. 赤ピーマンのピュレを鍋に入れて中火で温め、水で戻した板ゼラチンを加えて溶かす。鍋ごと氷水を当てて冷やし、とろみがつくまで泡立て器で混ぜる。
2. 1に7分立てにした生クリームを2〜3回に分けて加え混ぜ、塩で味を調える。

保存方法・期間
気泡がつぶれやすく、長く置くとだれるので、使うたびにつくり、できるだけ早く使い切る。

赤ピーマンの甘みと旨みを凝縮したピュレに、泡立てた生クリームを加えて、口当たりなめらかなムースに。

使いみち
しっとりとした質感になるよう火を入れた**肉**、**魚介類**と相性がよいです。さっと**グリルしたホタテ貝柱**、ポシェした**白身魚**、蒸したりスモークしたりした**鶏ムネ肉**、**生か半生のエビ**などによく合います。

（紺野 真／オルガン）

帆立のグリエ　赤ピーマンのムースとブラータ添え
（紺野 真／オルガン）

ホタテとフレッシュチーズを、赤ピーマンのムースとジュで食べさせる料理。
ムースの濃厚さとジュのクリアな旨みが、ホタテのしっとり感と、
チーズのみずみずしさを際立たせる。

材料　1人分
ホタテ貝柱…1個
赤ピーマンのムース（上記）…25g
ブラータ*1…30g
レモン…適量
黄パプリカ…適量
松の実…8粒
A ┌ 赤ピーマンのジュ*2…40ml
　├ アサリのだし汁*3…40ml
　├ レモン汁…少量
　└ E.V.オリーブ油…少量

B ┌ レモンコンフィ（p.198、小さく切る）…適量
　├ 赤ピーマン（皮をむき、5mm角に切る）…適量
　└ ディル…適量
塩、E.V.オリーブ油…各適量

*1 イタリア産のモッツァレラに似たフレッシュチーズ。
*2 赤ピーマンのピュレ（p.110）をつくる際、蒸し焼きにした赤ピーマンから出る汁。
*3 アサリのだし汁のつくり方：鍋に水とアサリを入れて火にかけ、1時間煮出して漉す。

つくり方
1. ホタテ貝柱は表面をバーナーで炙る。レモンを搾りかけ、塩とE.V.オリーブ油を軽くふる。
2. 黄パプリカは直火で網焼きにし、冷水にとって皮をむく。せん切りにして、軽く塩をふる。松の実はフライパンでから炒りする。
3. Aの材料を混ぜ合わせて器に入れる。
4. 皿に1、赤ピーマンのムース、ブラータを盛って塩をふり、2とBを散らす。3を添えて提供し、お客の前で皿に流し入れる。

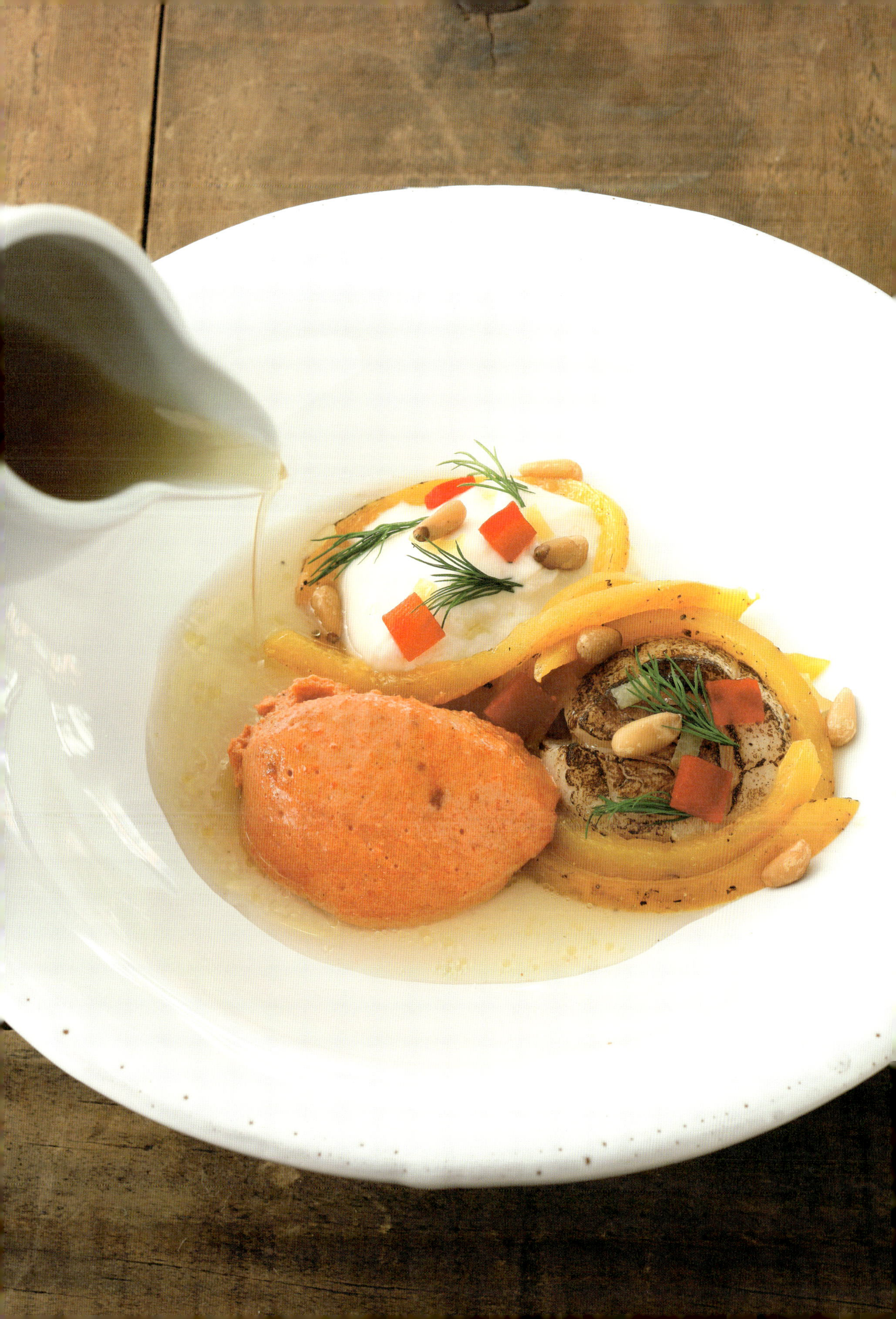

万願寺のソース

ピリ辛の奥にあるコクと香ばしさ

万願寺トウガラシのほろ苦さを生かした
ソース。炒める際に、
やや焦げ目をつけることで香ばしさを出し、
万願寺トウガラシ自体のコクを引き出す。
さらに、赤トウガラシオイルで辛みを加え、
味わいのアクセントとする。

材料
万願寺トウガラシ…1kg
玉ネギ（繊維と直角に薄切り）…300g
トウガラシオイル*…5g
生クリーム（乳脂肪分35%）…100g
サラダ油…少量

＊トウガラシオイルのつくり方：ボウルに赤トウガラシ（生）とオリーブ油を入れ、ハンドブレンダーで撹拌する。1週間ほどねかせる。

つくり方
1. 万願寺トウガラシはヘタと種を取り除き、長さ2cmほどのざく切りにする。
2. フライパンにサラダ油をひき、1を強火で炒める。その際、フライ返しなどでフライパンに押し付け、軽く焦げ目をつける。
3. ボウルに移し、氷を当てて冷やして色止めをする。
4. 別のフライパンにサラダ油をひき、玉ネギを弱火であまり色づかないように炒める。甘みが出てきたらボウルに移して冷ます。
5. ボウルに3と4、トウガラシオイル、生クリームを入れる。ハンドブレンダーで撹拌し、万願寺トウガラシの食感が若干残る程度のペースト状にする。

保存方法・期間
冷蔵で1週間、冷凍で3ヶ月間保存可能。

使いみち
火を通した**青魚**との相性がよいので、
アユのコンフィや**カツオ**などの**グリル**に合わせることが多いです。ソースは冷やしておき、温かい魚にのせて温度差を楽しんでもらうとよいでしょう。
ディップソースとして**生野菜**に添えても、
甘エビと和えて**カッペリーニ**のソースにしてもよいです。

（横山英樹／（食）ましか）

カリフラワーのピュレ

カリフラワーのコクと旨みを味わう

材料

A ┌ カリフラワー（小房に分けたもの）
  │   …400g
  │ バター…40g
  └ 水…600ml
生クリーム（乳脂肪分38%）…80g
塩…適量

つくり方

1. 鍋に**A**を入れて火にかける。カリフラワーがやわらかくなってきたら、木ベラで崩しながら煮る。
2. ピュレ状になったらフードプロセッサーに入れ、なめらかになるまで回す。生クリームを加え混ぜ、塩で味を調える。

保存方法・期間

当日中に使い切るほうがよいが、冷蔵で2日間は保存可能。

カリフラワーをくたくたに煮て、その味わいをしっかりと引き出したピュレ。やさしい風味でありながら、コクとしっかりとした旨みがあり、そのまま食べても十分においしい。

使いみち

タラのムニエルにソース・グルノーブル（p.61）とともに添えています。貝のだしを加えて**蒸し煮にしたキャベツ**にもよく合います。また、**クミン**をふってローストした**鶏ムネ肉**などのように、スパイスをきかせた料理や**カレー**に添えるのもよいです。

（紺野 真／オルガン）

カリフラワーとブロッコリーのディップ

ニンニクをきかせて、二種の野菜の味わいを引き立てる

材料

カリフラワー（小房に分ける）…100g
ブロッコリー（小房に分ける）…100g
生ハム…30g
ニンニク（みじん切り）…1片分
タカノツメ…1本
オリーブ油…30ml
ハラペーニョソース（市販）…10ml
塩…適量

つくり方

1. カリフラワーとブロッコリーはそれぞれ塩湯でゆでて火を通す。ブロッコリーはゆで時間が長いと色が悪くなるので、強火にかけて短時間でゆで上げる。
2. フライパンに生ハム、ニンニク、タカノツメ、オリーブ油を入れて中火にかける。香りが立ってきたら、1を加えてソテーする。
3. カリフラワーとブロッコリーがやわらかくなってきたら、木ベラで粗くつぶし、ハラペーニョソースを加える。

保存方法・期間

冷蔵で1週間保存可能。

形は似ていても味わいの異なるカリフラワーとブロッコリーを合わせたディップ。ニンニクをきかせることで、ブロッコリーの青々しさ、カリフラワーのコク、それぞれをぐっと引き立てる。

使いみち

バゲットや**スティック野菜**、**温野菜**を添えるとよいです。

（米山 有／ぽつらぽつら）

Part 6　野菜＆豆

グリルインゲンのピュレ

焼いたインゲンの香ばしさを味わう

材料
- サヤインゲン…300g
- E.V.オリーブ油…20g
- オリーブ油…適量
- 塩…適量

つくり方
1. サヤインゲンは塩湯で3分間ゆで、ザルに上げて冷ます。水っぽくなるので、冷水にはさらさない。
2. 1にオリーブ油をからめ、熱したフライパンでこんがりとグリルする。あらかじめ油をからめておくと最小限の油でグリルすることができ、できあがりの味に雑味が出ない。
3. ボウルに2とE.V.オリーブ油を入れ、ハンドブレンダーでピュレ状になるまで攪拌する。塩で味を調える。

保存方法・期間
冷蔵で2～3日間保存可能。

グリルしたサヤインゲンをその香ばしさごと味わうペースト。下ゆで後に水にさらさない、あらかじめインゲンにからめた油のみでグリルするといった細やかな気配りで、雑味を出さずに味わいを凝縮する。

使いみち

さまざまに使い回せるソースです。野菜なら**トマト**や**パプリカ**などの甘みのあるものと相性がよく、**トマトソース**と合わせてもよいです。**魚介類**とは特に相性がよく、**タコ**や**白身魚**、**マグロ**など、さまざまな種類に合わせられます。**肉**に添えてもよく、**蒸したもの**、**焼いたもの**どちらにもよく合います。**タコ**を使った**パスタ**料理に添えてもよいでしょう。

（岡野裕太／イル テアトリーノ ダ サローネ）

タコ、インゲン、ジャガイモ、グリーンオリーブのインサラータ

（岡野裕太／イル テアトリーノ ダ サローネ）

タコとインゲンとジャガイモのサラダというナポリの庶民的な定番料理を再構築。
グリルインゲンのピュレとレモン汁をソースとし、
タコとジャガイモを食べさせるモダンな仕立てに。

材料 1人分
- 水ダコの脚＊…2本
- グリルインゲンのピュレ（上記）…適量
- ジャガイモ（メークイン）…適量
- レモン…1/4個
- オリーブ…4個
- イタリアンパセリ（きざむ）…適量

＊タコの下ごしらえ：タコはよく洗い、赤ワイン適量、ワインのコルクとともに真空パックにして65℃の湯煎で3時間加熱する。コルクを入れるのは、イタリアではそうするとタコがやわらかくなるといわれているため。

つくり方
1. 水ダコの脚は縦半分に切り、食べやすいよう断面に格子状に深めの切り込みを入れる。
2. ジャガイモは皮をむき、厚さ1cmに切ってゆでる。レモンは端を落とす。
3. 皿に1のタコと2のジャガイモを盛り、グリルインゲンのピュレと2のレモンを添える。オリーブとイタリアンパセリを散らす。

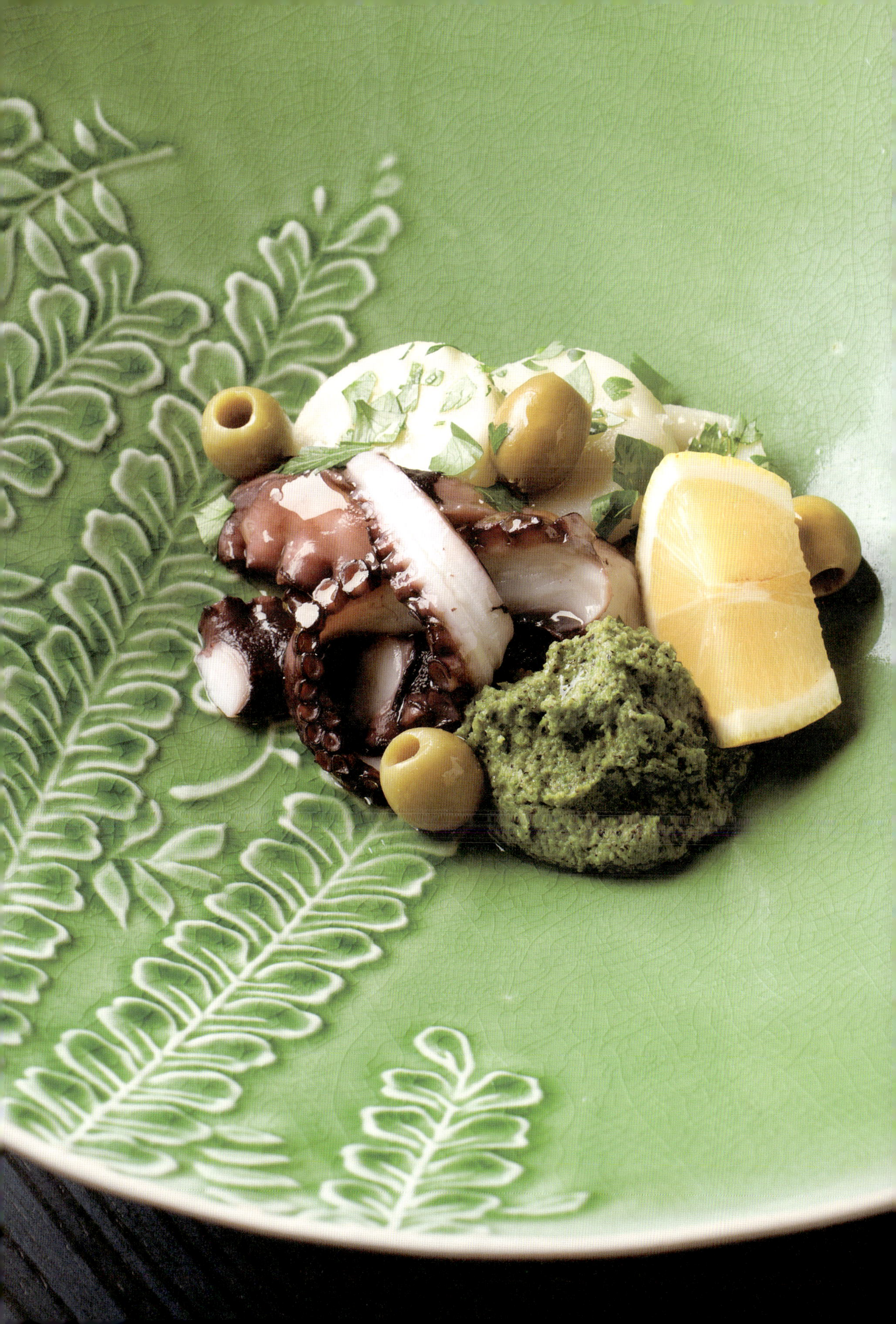

ヒヨコ豆のペースト

パンチェッタと香味野菜の香ばしさをプラス

こんがりと焼いたパンチェッタと香味野菜を加えることで、ヒヨコ豆の肉感的な風味を引き出したペースト。味わい深く、パンに塗るというシンプルな食べ方でも十分な満足感が得られる。

材料

- ヒヨコ豆(乾燥)…250g
- A
  - ニンニク…3片
  - ローリエ…2枚
  - 塩…7.5g
  - 水…1.5L
- パンチェッタ(角切り)…100g
- ニンニク…3片
- セロリ…70g
- オリーブ油…適量
- 黒コショウ…適量

つくり方

1. ヒヨコ豆はたっぷりの水に一晩浸ける。
2. 1の水を切り、Aとともに鍋に入れて火にかける。沸いたら弱火にし、ヒヨコ豆がやわらかくなるまでゆでる。
3. 別の鍋にオリーブ油を温めてニンニクを加え、香りが立ったらパンチェッタ、セロリを加える。
4. パンチェッタにこんがりとした焼き色がついたら、2のヒヨコ豆とゆで汁(適量)を加えて味がなじむまでしばらく煮る。
5. ミキサーに4を入れ、なめらかになるまで回す。かたさはゆで汁の量で調整する。黒コショウを加えて味を調える。

保存方法・期間

冷蔵で1週間保存可能。

使いみち

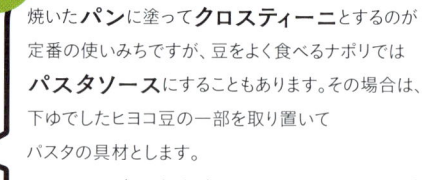

焼いた**パン**に塗って**クロスティーニ**とするのが定番の使いみちですが、豆をよく食べるナポリでは**パスタソース**にすることもあります。その場合は、下ゆでしたヒヨコ豆の一部を取り置いてパスタの具材とします。

(岡野裕太／イル テアトリーノ ダ サローネ)

ヒヨコ豆と実山椒のフムス

実山椒を加えたヒヨコ豆のペースト

材料
- ヒヨコ豆(乾燥)…475g
- A
  - 実山椒*…7g
  - だし(p.197)…200ml
  - ブイヨン(p.198)…400ml

＊実山椒は枝から実をはずし、熱湯で3～4分間ゆで、冷水に半日さらしてアクを抜いたものを使用。

つくり方
1. ヒヨコ豆はたっぷりの水に一晩浸ける。
2. 1の水を切り、Aとともに鉄鍋に入れる。蓋を閉めて、200℃のオーブンに入れ、豆がやわらかくなるまで1時間ほど加熱する。
3. 2を漉して煮汁を取り置く。豆と実山椒はミキサーに入れ、適量の煮汁を加えてペースト状になるまで回す。

保存方法・期間
冷蔵で4～5日間保存可能。

フムスは中東で食べられているヒヨコ豆のディップ。ニンニクと白ゴマペーストを使うが、代わりに実山椒を使うと、日本酒にもワインにも合う味わいに。

使いみち 
そのまま**酒肴**にしてもよく、**スティック野菜**を添えてもよいです。

(米山 有／ぽつらぽつら)

茶豆と明太子のディップ

明太子マヨネーズに粗くつぶした茶豆を混ぜる

材料
- 茶豆(サヤ付き)…200g
- 明太子…75g
- マヨネーズ…60g
- 塩…適量

つくり方
1. 茶豆はサヤ付きのまま、塩湯でゆでる。豆に火が通ったら氷水にとって冷ます。
2. 茶豆をサヤから外し、粒が残る程度に粗く裏漉しする。
3. 2、皮を取り除いた明太子、マヨネーズを混ぜ合わせる。

保存方法・期間
冷蔵で4～5日間保存可能。

茶豆の青い香りと明太子の辛みが絶妙な相性。豆を空豆や枝豆など、茶豆以外の青豆に変えてもよい。

使いみち 
そのままでも、**バゲット**を添えてもよいです。薄くのばしたピザ生地にマヨネーズ、茶豆と明太子のディップを順に塗り、ゆでた茶豆を散らしてこんがり焼けばおつまみにうってつけの**ピザ**ができます。

(米山 有／ぽつらぽつら)

Part 6 野菜＆豆

トウモロコシのコンディマン

スパイスで甘い香りと辛みをきかせてエキゾティックに

材料

トウモロコシ…1本
バター…8g
あめ色玉ネギ*1…45g
スパイス
　パプリカパウダー…少量
　ターメリックパウダー…少量
　ナツメグパウダー…少量
　カイエンヌペッパーパウダー…少量
　カルダモン(ホールを粗めにくだく)
　　…少量
香味野菜*2…適量
塩…適量

*1 あめ色玉ネギのつくり方：鍋にサラダ油(適量)を熱し、薄切りにした玉ネギ(4個分)、つぶしたニンニク(2片)を入れて蓋を閉め、弱火にかける。焦げないよう途中でかき混ぜつつ、約1時間加熱する。

*2 玉ネギ、ニンジン、セロリ、パセリの軸など。

つくり方

1. トウモロコシは皮付きのまま香味野菜を入れた湯でゆでる。火が通ったら取り出し、粒を芯から包丁で外す。
2. 鍋にバターを入れて弱火にかける。1を加えて炒め、水気が飛んだら、あめ色玉ネギとスパイスを加える。
3. 香りが出てきたら取り出して冷まし、1/2〜2/3量をミキサーか包丁でみじん切りにする。粒のままのトウモロコシと混ぜ合わせ、塩で味を調える。

保存方法・期間

冷蔵で4〜5日間保存可能。

トウモロコシのやさしい風味に、
辛みと甘い香りを添えた
エキゾティックな味わいのコンディマン。
トウモロコシは一部を粒のまま残し、
食感も合わせて楽しんでもらう。

使いみち

スパイスをしっかりときかせているので、**炙り焼きにしたアナゴやフォアグラのテリーヌなど**、主張の強い味の料理によく合います。

(紺野 真／オルガン)

ソース&ディップス Collection 6

肉にも魚にも野菜にも合う万能ソース編

香りを添える

● サルサ・ヴェルデ(p.64)
イタリアンパセリにアンチョビとケイパーを加えたさわやかな香りのソース

さっぱりと食べさせる

● ソース・ラヴィゴット(p.98)
ケイパーとハーブ、トマト、大粒のマスタードが入った酸味のあるソース

● サルサ・セボラ(p.105)
生玉ネギとハーブのソース。脂っこい肉や魚、グリル野菜によく合う

コクを添える

● ワカモレ・フレスコ(p.106)
メキシコ発祥のアボカドディップ。実は肉・魚料理、野菜のグリルのソースとしても使える

● ロメスコソース(p.95)
パプリカ、トマト、ナッツでつくるスペイン・カタルーニャ地方のソース

旨みを足す

● ペスト・トラパネーゼ(p.97)
ニンニク、アーモンド、トマト、バジルでつくるイタリア・シチリア島のソース

● ソース・アンショワイヤード(p.16)
アンチョビを加えたヴィネグレット。サラダはもちろん、肉・魚・野菜料理に添えてもよい

トウモロコシのピュレ

トウモロコシそのものの甘みと旨み

トウモロコシをじっくりと煮て、ピュレに。フォンなどのだしは加えず、トウモロコシそのものの甘みや旨みをストレートに引き出す。

材料
トウモロコシ…2本
バター…30g
水…適量

つくり方
1. トウモロコシは粒を芯から包丁で外す。
2. 鍋にバターを入れ、1を加えて色づけないように炒める。香ばしい香りが立ってきたら、かぶるくらいの水を加え、弱火でトウモロコシの粒の皮がやわらかくなるまで約30分間煮る。
3. ミキサーに2を入れて回す。ピュレ状になったら、シノワで裏漉しする。

保存方法・期間
冷蔵で3〜4日間保存可能。

使いみち 
フォンや牛乳、生クリームを加えてのばせば、**コーンクリームスープ**になります。**コンソメ**を冷やしてジュレ状に固めたトにかけたり、**ヴィシソワーズ**と合わせて2色のスープにしてもよいです。フォンなどのだし類を加えずにつくっているので、**デザート**に展開することも可能です。

（紺野 真／オルガン）

トウモロコシのムース

泡立てた生クリームがトウモロコシの甘みを際立たせる

トウモロコシのピュレに泡立てた生クリームを加えたムース。生クリームのまろやかさが、トウモロコシの甘みを引き立てる。

材料
トウモロコシのピュレ（上記）…300g
板ゼラチン…6g
生クリーム（乳脂肪分38%）…100g

つくり方
1. トウモロコシのピュレを鍋に入れて中火で温め、水で戻しておいた板ゼラチンを加えて溶かす。鍋ごと氷水を当てて冷やし、とろみがつくまで泡立て器で混ぜる。
2. 1に7分立てにした生クリームを2〜3回に分けて加え混ぜる。

保存方法・期間
気泡がつぶれやすく、長く置くとだれるので、使うたびにつくり、できるだけ早く使い切る。

使いみち 
トウモロコシのコンディマン（左記）とともに、**炙り焼きにしたアナゴ**や**フォワグラのテリーヌ**といった主張の強い味の料理に合わせています。**グリルした赤ピーマン**とも相性がよいです。

（紺野 真／オルガン）

Part 6　野菜&豆

梅ごまおろし

大根おろしに甘めの梅干しとゴマを加える

材料
- ダイコンおろし…100g
- 梅干…3個
- 白すりゴマ…大さじ2
- 濃口醤油…15ml

つくり方
1. ダイコンおろしは軽く水気を切る。梅干は少し甘めのものを選び、種を除いて包丁で叩く。
2. 1とその他の材料を混ぜ合わせる。

保存方法・期間
冷蔵で保存し、1〜2日間で使い切る。

使いみち 
生の魚介類にのせたり、お造りに添えて使います。また豚の冷しゃぶ、ボイルした鶏ササミ、牛肉などの肉類にもよく合います。炙ったブリやブリしゃぶの薬味としてもよいです。脂肪が多いものとの相性がよく、醤油の分量を増やせば和え衣にもなります。
（中山幸三／幸せ三昧）

さっぱりしているけれど、コクのある夏向けのダイコンおろし。軽く水気を切ったダイコンおろしに少し甘みのある梅干を叩いたものとゴマとを混ぜている。

ゆずこしょうおろしポン酢

冬の料理に重宝するユズコショウ入りのおろしポン酢

材料
- ダイコンおろし…大さじ3
- ポン酢(p.198)…100ml
- ユズコショウ…小さじ1/2

つくり方
1. ダイコンおろしの水気を軽く切る。
2. 1にポン酢とユズコショウを加えてよく混ぜ合わせる。

保存方法・期間
冷蔵で1〜2日間保存可能。

使いみち 
梅ごまおろしと使いみちはほとんど同じですが、こちらは冬の料理向きのダイコンおろしです。ハモしゃぶやタイしゃぶ、ブリしゃぶの薬味に使ってください。また、酒蒸しにしたタイなどのカマにかけてもよいです。
（中山幸三／幸せ三昧）

ダイコンおろしにポン酢を加え、ユズコショウで辛みをつけている。鍋ものやお造りの薬味として冬に重宝なおろしダレ。

きゅうり酢

キュウリの緑色が鮮やかな合わせ酢

材料
- キュウリ…1本
- A
  - 米酢…15ml
  - 砂糖…小さじ1
  - 太白ゴマ油…5ml

つくり方
1. キュウリはすりおろして汁気を軽く切る。
2. Aを混ぜ合わせ、1を加える。

保存方法・期間
翌日以降は退色するので、当日中に使い切る。

甘酢にすりおろしたキュウリと太白ゴマ油を加えた、きれいな緑色の合わせ酢。ゴマ油を少量加えて乳化させることで、なめらかに仕上げる。

使いみち
湯引きしたタコのお造り、ホタテ貝、カツオのたたきにかけたりのせたりするとよいです。また、淡白な味わいの鶏ササミやムネ肉のボイルにも合います。

（中山幸三／幸せ三昧）

キュウリとケイパーのソース

キュウリの清涼感をケイパーの酸味でより高める

材料
- キュウリ…500g
- 塩…8g
- A
  - ケイパー（酢漬け、粗みじん切り）…100g
  - バーニャ・フレイダ（p.66）…100g
  - E.V.オリーブ油…80g

つくり方
1. キュウリはざく切りにし、フードプロセッサーに塩とともに入れて回し、粗くきざむ。1時間置いて塩をなじませる。
2. 絞って水気を切り、ボウルに入れる。Aを加えてよく混ぜる。

保存方法・期間
冷蔵で1週間保存可能。

キュウリにケイパーを合わせ、その酸味で清涼感を高めたソース。バーニャ・フレイダ（p.66）を加えることでコクが増し、乳化しやすくなる。さわやかな緑色は他の食材の色を引き立て、彩りも美しいひと皿が構成できる。

使いみち
ウナギやハモと相性がよく、白焼きにしたウナギに添えると抜群です。好みでレモン汁を加えると、よりさっぱりとした味わいに。ケイパーの分量を増やしてヴィネガーを加えれば、タコのマリネにも応用できます。あるいは、調味料としてポテトサラダに加えると、清涼感のある味わいになりますよ。

（横山英樹／(食)ましか）

Part 6 野菜&豆

オクラあん

オクラを入れた温かい銀あん

夏の料理に用いる温かいあん。銀あんの中に細かく叩いたオクラを混ぜている。

材料
銀あんのだし…以下分量より100ml
　だし(p.197)…160ml
　淡口醤油…10ml
　みりん…10ml
オクラ…3本
水溶き葛粉、塩…各適量

つくり方
1. オクラは塩をふって板ずりし、熱湯でさっとゆでる。縦半分に切って種やスジを取り除き、包丁で細かく叩く。
2. 銀あんのだしの材料を合わせて火にかける。
3. 2がひと煮立ちしたら、銀あんのだしに1を混ぜ、水溶き葛粉を加えてとろみをつける。必要に応じて濃度を調整する。

保存方法・期間
使うたびにつくり、その都度使い切る。

使いみち
茶碗蒸しの上にかけて使います。オクラは梅と相性がよいので、**梅茶碗蒸し**には特によく合います。**焼きもの**や**蒸しもの**などにかけてもよいです。とろみをつける前ならば、**ハモのお椀のすり流し**に混ぜてもよいでしょう。

（中山幸三／幸せ三昧）

ジャガイモのピュレ

粉吹きイモの要領でつくるねっとりとしたピュレ

バターがしっかりとなじんだ状態に仕上げると、塩味が立ちすぎなくてよい。メークイン系の粘りのあるジャガイモが適しており、熟成ジャガイモなどの甘みの強いものを使うとおいしい。

材料
ジャガイモ…1kg
バター…200g
塩…5g
水…適量

つくり方
1. ジャガイモは皮をむき、さいの目に切る。
2. 1を鍋に入れ、水をひたひたに注ぐ。塩を加え、蓋をして火にかける。
3. 中火で熱して芯まで火を通す。ジャガイモがやわらかくなったら蓋を外し、さらに加熱して水気を飛ばす。
4. バターを加え、よく混ぜてなじませる。できあがりはところどころかたまりがゴロゴロと残った状態となる。

保存方法・期間
冷蔵で2～3日間、冷凍で1週間保存可能。

使いみち
魚のグリルの付け合せとして使うことが多いです。**牛ホホ肉の赤ワイン煮**など、味の強い煮込み料理の下に敷いてもいいでしょう。小分けにしてラップフィルムで包み、冷凍しておけば、電子レンジで温めるだけで使えて便利です。

（横山英樹／(食)ましか）

新生姜のグラニテ
淡桃色のすっきりとした刺激

材料
新ショウガ…2kg
トレハロース…50g
レモン汁…80g
水…1kg

つくり方
1. ボウルに新ショウガと少量の水（分量外）を入れ、ハンドブレンダーで攪拌して細かくきざむ。
2. 鍋に1、分量の水、トレハロースを入れて火にかける。アクが浮いてきたら取り除き、10分間程度、弱火で煮る。
3. ザルにクッキングペーパー（リード）を敷き、2を漉す。
4. 冷ましてからレモン汁を加え混ぜ、容器に入れて凍らせる。
5. フォークで適度に崩し、再度冷凍庫に入れる。これを何回か繰り返す。

保存方法・期間
冷凍で1ヵ月間保存可能。

新ショウガの清涼感あふれる辛みがきいたグラニテ。エキスを抽出したゆで汁にレモン汁を加えることで、淡く美しいピンク色に仕上げる。保存性が高いので、新ショウガが出回る時期にまとめて仕込むとよい。

使いみち
夏にお出しする冷たくした**カッペリーニ**に添えると、お客さまのテンションが上がります。素材としては、**ウナギ**や**ハモ**、**青魚**との相性がいいと思います。甘みを強くすれば、お口直しの**グラニテ**に使えます。
（横山英樹／(食)ましか）

鱧と茄子のカッペリーニ
（横山英樹／(食)ましか）

鱧出汁と茄子のソース（p.86）をからめたカッペリーニに、新生姜のグラニテ（上記）を添える（つくり方→p.87）。

Part 6 野菜&豆

黒にんにくだれ
黒ニンニクのまろやかな風味を生かす

材料
- 黒ニンニク*…3片
- A
  - だし(p.197)…500ml
  - みりん…50ml
  - 濃口醤油…50ml
  - 玉ネギ(薄切り)…1/2個
  - 砂糖…50g

＊黒くなるまで高温・高湿度において発酵、熟成させたもの。

つくり方
1. 鍋にAを入れ、中火にかけて焦がさないように煮詰める。
2. 煮汁が1/3量に煮詰まってとろみがついたら漉して玉ネギを取り除き、つぶした黒ニンニクを加えて裏漉しする。

保存方法・期間
冷蔵で10日間保存可能。

玉ネギは甘みを出すためにしっかり煮詰めるが、黒ニンニクはその風味を生かすために加熱せずに加える。ニンニクを熟成させた黒ニンニクは香りも味もまろやか。

使いみち
「地鶏とアボカド　黒にんにくだれ焼き」(下記)のように肉の焼きダレとして利用しています。ローストビーフや蒸し鶏にかけてもよいです。
(中山幸三／幸せ三昧)

地鶏とアボカド　黒にんにくだれ焼き
(中山幸三／幸せ三昧)

黒にんにくだれをかけながら香ばしく網焼きした鶏肉に、網焼きしてからタレをかけたアボカドを添えたひと品。タレは焦げやすいので、鶏肉に8割がた火が通ってからかけるとよい。

材料 1人分
- 鶏モモ肉…1/2枚
- アボカド…1/8個
- 黒にんにくだれ(上記)…適量
- 塩…適量

つくり方
1. 鶏モモ肉は塩をあてて冷蔵庫に30分間おき、塩をなじませる。
2. 十分に熱した網の上で鶏肉を焼く。8割がた火が通ったら、表裏を返しながら黒にんにくだれをかけて焼く。たれをかけるのは計3～4回ほど。
3. アボカドは種と皮を取り除き、8等分のくし形に切って網で焼く。仕上がりに黒にんにくだれをかける。
4. 鶏肉の肉汁が落ち着いたら食べやすく切り分け、アボカドとともに皿に盛る。

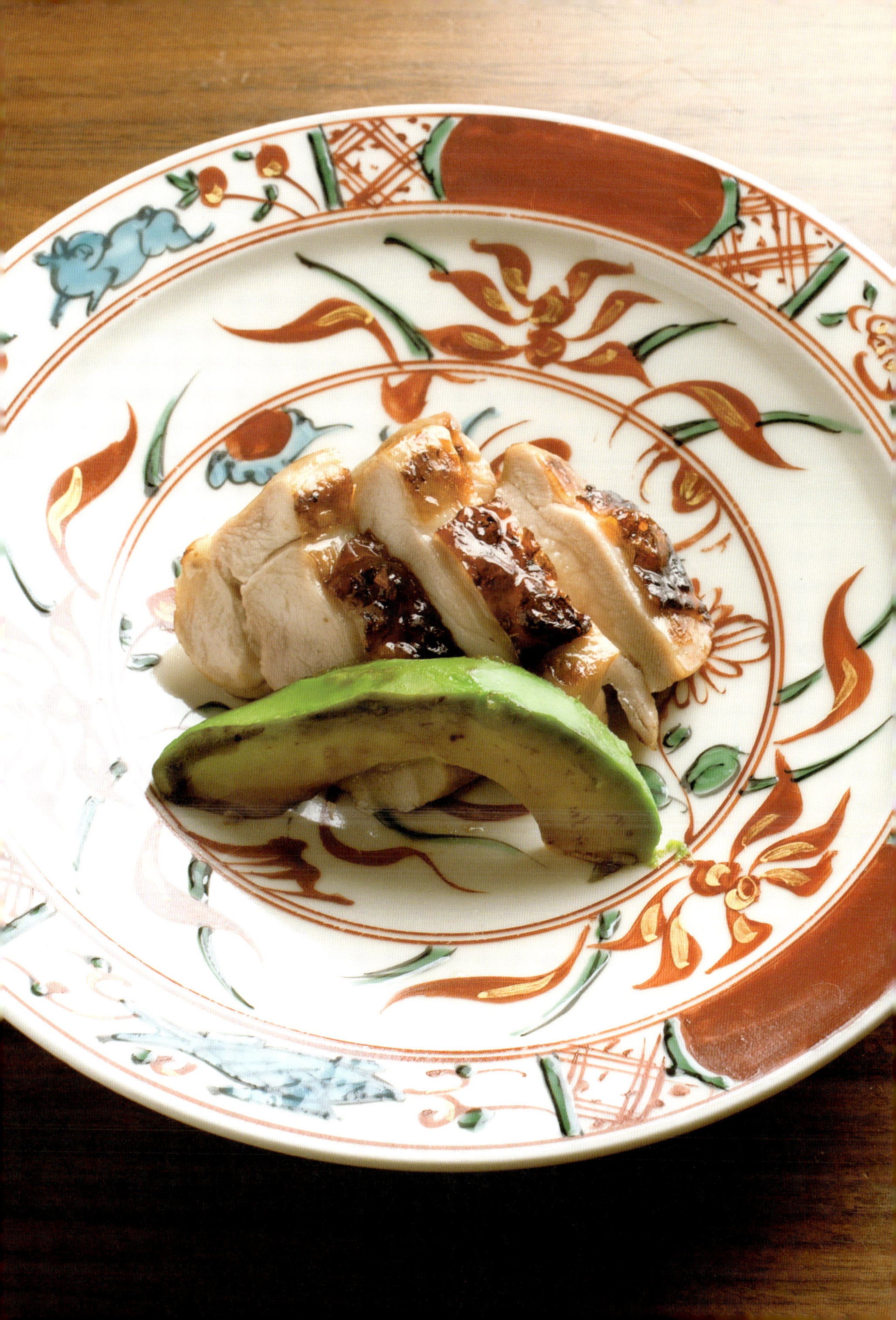

ハリッサ

鮮烈な辛さにクミンの香り

材料
- 青トウガラシ(生)…100g
- バジルの葉…15g
- クミン(ホール)…30g
- ニンニク…1片
- オリーブ油…150g

つくり方
ミキサーに材料をすべて入れ、なめらかになるまで回す。

保存方法・期間
冷蔵で約1週間保存可能。

ハリッサは地中海沿岸の国々で使われている辛いペースト。北アフリカ料理のクスクスに添える赤いものが有名だが、これは青トウガラシのハリッサ。さわやかで鮮烈な辛さとクミンの芳醇な香りが異国情緒あふれる調和を生み出す。

使いみち
アマトリチャーナなどのトマトを使ったソースのパスタや、**ヤギ**、**仔羊**、**マトン**などのクセのある肉と相性がよいです。
さっとグリルした**夏野菜**ともよく合います。
青トウガラシを赤パプリカに、クミンをコリアンダーとキャラウェイシードに代えてつくると赤いハリッサになります。
こちらもヤギや羊の料理に添えたり、肉の赤ワイン煮込みに添えたりして使います。

(湯浅一生／ビオディナミコ)

サルサ・アル・クレン

酸味と甘みを加えたホースラディッシュのペースト

材料
- ホースラディッシュ(すりおろし)…250g
- パン(小さく切る)…100g
- 白ワインヴィネガー…75g
- オリーブ油…30g
- グラニュー糖…15g
- 塩…3g

つくり方
フードプロセッサーに材料をすべて入れ、なめらかになるまで回す。

保存方法・期間
表面をオリーブ油で覆い、冷蔵で2～3日間保存可能。

ホースラディッシュにヴィネガーの酸味とほんのりとした甘みを加えたソース。甘みによって辛さがまろやかになり、ホースラディッシュ自体の甘みやコクが感じられる味わいに。

使いみち
このソースはホースラディッシュの名産地であるイタリア・フリウリ=ヴェネツィア・ジュリア州のものです。
この州は国境沿いにあり、食文化においても隣国の影響が大きく、他の地域にくらべて豚肉をよく食べます。このソースも**「カルダイア・ディ・マイアーレ」**というボイルした**豚肉**と**ソーセージ**を盛り合わせた料理に添えるのが定番の使いみちです。
また、ゆで豚だけでなく、**ロースト**や**グリル**との相性もよく、**牛肉**にも合います。**スモークサーモン**や**リコッタ・アフミカータ**などの**燻製**にした食材とも相性がよいです。

(湯浅一生／ビオディナミコ)

ネギと実山椒のソース

ネギのまろやかさを実山椒がピリッと引き締める

材料
長ネギの芯や青ネギの根元(みじん切り)
　…200g
実山椒(p.119)…20g
日本酒…100ml
だし(p.197)…300ml
太白ゴマ油…40ml

つくり方
1. 鍋に太白ゴマ油を熱してネギと実山椒を入れ、ネギがしんなりするまで炒める。
2. 日本酒を加えて、アルコール分を飛ばす。だしを加えてネギがやわらかくなるまで煮る。
3. ミキサーに2を入れて回し、ペースト状にする。

保存方法・期間
冷蔵で4〜5日間保存可能。

ネギの風味を凝縮したとろみのあるピュレに実山椒をピリッときかせたソース。白髪ネギをつくった後の長ネギの芯や、青ネギの根元の白いところなど、薬味に使わない部分を活用するとよい。

使いみち 
鶏肉をソテーしたフライパンに上記を加えてソースを仕上げ、焼いた肉に添えています。同様にして豚肉のソテーにも用います。
（米山 有／ぼつらぼつら）

薬味あん

銀あんに薬味の辛みと香りをプラス

材料
銀あんのだし…以下分量より100ml
　だし(p.197)…160ml
　淡口醤油…10ml
　みりん…10ml
A［おろしショウガ…小さじ1
　大葉(みじん切り)…4枚分
　ミョウガ(みじん切り)…1個分］
水溶き葛粉…適量

つくり方
1. 鍋に銀あんのだしの材料を入れて火にかけ、ひと煮立ちしたら100mlを取り分ける。
2. Aを加え、水溶き葛粉でとろみをつける。必要に応じて濃度を調整する。

保存方法・期間
使うたびにつくり、その都度使い切る。

オクラあん(p.124)同様、銀あんのだしがベース。おろしショウガやきざんだ大葉、ミョウガなどの薬味野菜を加えてさわやかな辛みと香りをつけている。

使いみち 
蒸し魚や、揚げた鶏肉、白身魚、鶏団子などに合います。また塩焼きにした豚肉に合わせてもよいです。
（中山幸三／幸せ三昧）

Part 6　野菜&豆

すだちジュレ

スダチのさわやかな風味

淡口醤油を使うことでスダチの
さわやかな風味を生かしたジュレ。
スダチをユズに置き換え、
搾り汁や皮のすりおろしを加えて
ユズジュレにしてもよい。

材料

だしジュレ
- だし(p.197)…1080ml
- 淡口醤油…90ml
- みりん…90ml
- 板ゼラチン…18g

スダチの搾り汁…2個分

つくり方

1. だしジュレをつくる。だしを沸かし、淡口醤油、みりんを加え、沸騰寸前で火を止めて漉す。熱いうちに、水で戻しておいた板ゼラチンを加えて溶かす。
2. 密閉容器に移して氷水に当て、冷めたらスダチの搾り汁を加え混ぜて冷蔵庫で冷やし固める。使用時は、適宜崩して用いる。

保存方法・期間

冷蔵で2～3日保存可能。香りが飛ぶのでなるべく早めに使い切る。

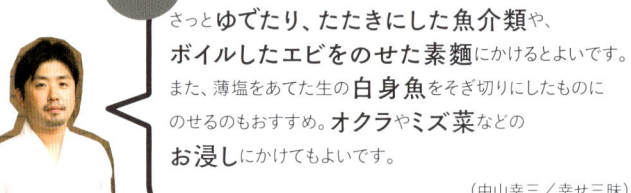

使いみち

さっと**ゆでたり、たたきにした魚介類**や、**ボイルしたエビをのせた素麺**にかけるとよいです。また、薄塩をあてた生の**白身魚**をそぎ切りにしたものにのせるのもおすすめ。**オクラやミズ菜**などの**お浸し**にかけてもよいです。

(中山幸三／幸せ三昧)

白和え衣

裏漉しを繰り返し、なめらかさを追求

木綿豆腐を2回裏漉しして
なめらかに仕上げるのがポイント。
太白ゴマ油やだしを加えれば
さらになめらかな衣になる。

材料

- 木綿豆腐…1丁
- A
  - 砂糖…大さじ1.5
  - 淡口醤油…15ml
  - 練りゴマ(白)…大さじ1
  - 塩…少量

つくり方

1. 木綿豆腐に重しをして軽く水切りする。水を抜きすぎないように注意すること。
2. 1回裏漉しし、**A**を加えてゴムベラでよく混ぜる。
3. 2をさらにもう1回、裏漉ししてなめらかに仕上げる。

保存方法・期間

冷蔵で3～4日間保存可能。

使いみち

イチジク、サヤインゲン、カボチャ、柿、エビ、ホタテ貝など甘みのある野菜や果物、魚介の**和えもの**に使うとよいです。

(中山幸三／幸せ三昧)

湯葉と長芋のベシャメルソース

どんな野菜にもよく合うやさしい味わい

材料
生湯葉（汲み上げ）…100g
長イモ（皮をむき、厚さ1cmに切る）
　…200g
玉ネギ（繊維に沿って切る）…50g
だし（p.197）…270ml
バター…25g

つくり方
1　フライパンにバターを溶かし、長イモと玉ネギを色づけないようにソテーする。
2　長イモに火が通ったら、生湯葉、だしを加えて中火で20分間ほど煮る。
3　ミキサーに 2 を入れ、なめらかな状態になるまで回す。

保存方法・期間
冷蔵で3〜4日間保存可能。

湯葉と長イモでつくる植物性のベシャメルソース。さまざまな野菜と相性がよく、野菜のグラタンのソースとして用いるとよい。
長イモをユリ根に置き換えてもおいしい。

使いみち
「ズッキーニのグラタン 湯葉と長芋のベシャメルソースがけ」（下記）のようにソテーした野菜にかけて**グラタン**にするのに使っています。ズッキーニや**アスパラガス**は特によく合いますが、どんな野菜を使ってもおいしくできます。
（米山 有／ぽつらぽつら）

ズッキーニのグラタン 湯葉と長芋の ベシャメルソースがけ
（米山 有／ぽつらぽつら）

ズッキーニをソテーして、湯葉と長イモでつくったベシャメルソースをかけ、グラタン仕立てに。

つくり方
1　ズッキーニは厚さ1.5cmの輪切りにし、オリーブ油でソテーして火を通す。
2　耐熱の器に 1 を盛り、湯葉と長芋のベシャメルソース（上記）をかける。230℃のオーブンで6分間焼く。

豆腐ディップ

クリームチーズを加えたふんわりディップ

材料
豆腐…300g
クリームチーズ…150g
板ゼラチン…3g
水…50ml

つくり方
1. 鍋に水で戻しておいた板ゼラチンと分量の水を入れて火にかけ、ゼラチンを煮溶かす。
2. 豆腐は水切りし、クリームチーズと合わせ、ハンドブレンダーでなめらかになるまで撹拌する。
3. 2に1を加えて裏漉しし、冷蔵庫で2時間以上冷やす。

保存方法・期間
冷蔵で2日間保存可能。

豆腐とクリームチーズを混ぜ、ふんわりとして口当たりなめらかなディップに。チーズのクリーミーな味わいの後に、豆腐のやさしい味わいがほんのりと感じられる。

使いみち 
ピータン豆腐をみじん切りにしたものにかけ、前菜として提供しています。バゲットを添えれば、それだけでよいワインのつまみになります。醤油、ラー油、オリーブ油などを加えてアレンジしてもよいでしょう。

（西岡英俊／レンゲ エクリオシティ）

豆腐とアボカドのディップ　しらすのせ

まろやかなコクとクリーミーさが特長

材料
アボカド…135g
木綿豆腐（水切りしたもの）…135g
しらす…適量
白ワインヴィネガー…5ml
塩…適量

つくり方
1. アボカドは皮と種を取り除き、色止めのために白ワインヴィネガーをふる。
2. 1と木綿豆腐を混ぜ合わせ、塩で味を調える。裏漉しして保存し、提供の際にしらすをあしらう。

保存方法・期間
冷蔵で2日間保存可能。

豆腐とアボカド、それぞれのまろやかなコクが重なったクリーミーなディップ。しらすを添えれば、よい酒肴になる。

使いみち 
そのままでも十分によい酒肴になりますが、白身魚の揚げものに添えてもよいです。

（米山 有／ぼつらぼつら）

Part 7 醤油&味噌

どちらも旨み成分を多く含む発酵調味料である。
ここでは、日本が世界に誇るこの2種の調味料を使った
ベーシックな日本料理のタレ、つけ醤油、
焼きものダレなどに加え、
洋の素材や調味料を合わせた
アレンジアイデアも併せてご紹介する。

納豆じょうゆ
ゴマ油を加えてクセを和らげる

材料
納豆…150g
濃口醤油…70ml
だし(p.197)…140ml
太白ゴマ油…30ml
溶きがらし…大さじ1

つくり方
1 ボウルに材料をすべて入れ、ハンドブレンダーでなめらかになるまで撹拌する。
2 1を裏漉しし、さらになめらかに仕上げる。

保存方法・期間
冷蔵で1週間保存可能。しかし味が変わってくるので、3〜4日で使い切りたい。

ゴマ油で納豆のクセを和らげた
お造りのつけ醤油。
なめらかに仕上げるために
ミキサーにかけたのちに裏漉しする。

使いみち
お造りのつけ醤油にしたり、かけ醤油にするとよいです。またマグロ納豆、イカ納豆、きざんだ長芋やオクラなどにかけてもよいです。海鮮丼のたれにしてもよく、酢めしにも合います。

（中山幸三／幸せ三昧）

南蛮ダレ
甘すぎず、酸っぱすぎずの塩梅

材料
酒…200g
みりん…200g
濃口醤油…100g
砂糖…80g
米酢…200g

つくり方
1 鍋に酒とみりんを合わせ、火にかけてアルコール分を飛ばす。
2 濃口醤油と砂糖を加えて、砂糖を煮溶かす。
3 米酢を加え、粗熱をとる。

保存方法・期間
冷蔵で60日間保存可能。

チキン南蛮のための浸けダレ。甘すぎず、酸っぱすぎない塩梅にするのがポイント。水を入れずにつくるため、コクと甘みが引き立ち、保存性も高まる。割合を変えれば他の料理にも応用できる。

使いみち
チキン南蛮(右記)を作る際に、**揚げた鶏肉**をさっと浸しています。この配合のものはチキン南蛮にしか使用しませんが、米酢と砂糖の量を増やして冷やせば、**モズク酢**のタレに使えます。
（横山英樹／(食)ましか）

しょうがゴマじょうゆ
さっぱりとしたショウガ醤油にゴマでコクを足す

材料
おろしショウガ…大さじ1
濃口醤油…100ml
白すりゴマ…50ml

つくり方
1 おろしショウガは、さらに包丁で叩いて繊維を断ち切ってなめらかにする。
2 その他の材料と合わせてよく混ぜる。

保存方法・期間
冷蔵で1週間保存可能。

お造りのつけ醤油。しょうが醤油にゴマを加えてコクと旨みを足している。時間がたつとゴマが水分を吸ってしまうので、適宜醤油を足して用いる。

使いみち
カツオ、アジ、イワシ、マグロ、〆サバなどの背の青い魚の**お造り用のつけ醤油**に使います。イカにも合います。
（中山幸三／幸せ三昧）

チキン南蛮
(横山英樹／(食)ましか)

厚めの衣に甘酸っぱい南蛮ダレが染みた揚げ鶏に、
コクのあるタルタルソースをたっぷりと添える。
鶏は大山ハーブチキンのモモ肉を使用。適度な弾力があり、
噛めば旨みがにじみ出る。タレとタルタルソースの酸味が
ほどよくきいており、食べ飽きない。

材料 20人分

鶏モモ肉…2kg
衣
　強力粉…200g
　片栗粉…100g
　全卵…2個
　日本酒…300g
　濃口醤油…120g
　ゴマ油…50g
南蛮ダレ(左記)…500g
タルタルソース(p.30)…1kg
ハーブと葉野菜…適量
ミニトマト(半分に切る)…20個
レモン(くし形切りのもの)…20個
細ネギ…100g
黒コショウ…適量
揚げ油…適量

つくり方

1 鶏モモ肉は食べやすい大きさに切る。
2 衣の材料をよく混ぜ合わせる。
3 鶏モモ肉を衣にくぐらせ、170℃の油で3分間揚げる。
4 油を切り、熱いうちに南蛮ダレにくぐらせてすぐに取り出す。余分なタレを切る。
5 器にハーブと葉野菜を敷き、その上に4を盛る。タルタルソースをかけ、細ネギと黒コショウを散らす。ミニトマトとレモンを添える。

酒盗じょうゆ

玉ネギの甘みと酒盗の塩味

材料
酒盗…200ml
玉ネギ（みじん切り）…1個分
だし（p.197）…100ml
濃口醤油…100ml
サラダ油…適量

つくり方
1. 玉ネギはサラダ油で炒め、透明感が出てきたら酒盗を加えてさらに炒める。
2. もったりとしていた酒盗に火が入ってさらりとしたら、だしを加えてひと煮立ちさせる。最後に濃口醤油を加えて火を止める。

保存方法・期間
冷蔵で10日間保存可能。

酒盗はカツオの内臓の塩辛。塩味が強いので、よく炒めた玉ネギで甘みを添えている。酒盗はものにより塩分濃度が違うので、それに合わせて醤油の分量を加減するとよい。

使いみち
カツオのたたき（右記）にかけるとよいです。マグロの刺身にもよく合い、生のイカや白エビに少量かけると酒のあてになります。

（中山幸三／幸せ三昧）

オリーブ醬油

醬油の熟成感に黒オリーブの熟れた風味を重ねる

材料
黒オリーブ…40g
濃口醤油…80ml
オリーブ油…適量

つくり方
1. ミキサーに黒オリーブと濃口醤油を入れ、なめらかになるまで回す。この状態で保存しておき、使う際にオリーブ油を混ぜる。

保存方法・期間
オリーブ油を加える前の状態で、冷蔵で2週間保存可能。

醬油の熟成された味わいに黒オリーブの熟れた風味が加わり、味わい深いタレとなる。使う際にはオリーブ油を適宜加え、濃度を調整する。

使いみち
カルパッチョのソースにしたり、魚のポワレや塩焼きに添えるとよいです。蒸したりグリルパンで焼いたりした鶏肉や野菜にも合うと思います。

（米山 有／ぽつらぽつら）

かつおのたたき 酒盗じょうゆ
(中山幸三／幸せ三昧)

カツオの内臓でつくった酒盗と身のたたきは
間違いのない好相性の組み合わせ。
カツオの皮側を強火で焼いて
香ばしく仕上げると、タレの香りとより一層合う。

材料 1人分
カツオ(腹身)…100g
酒盗じょうゆ(左記)…大さじ1
薬味…各適量
　ミョウガ(薄切り)
　カイワレ菜(1cmのざく切り)
　紫芽
塩…適量

つくり方
1 カツオは扇串を打って皮側に塩をふり、直火で皮側を香ばしく炙って焦げ目をつける。身側はさっと炙るのみ。中まで火を通さないように注意する。
2 水っぽくなってしまうので、氷水にとらずにそのまま冷ます。
3 薬味は混ぜ合わせ、10分間ほど水にさらして水気を切る。
4 2を平造りにして器に盛る(1人前5〜6切れ)。カツオの上に酒盗じょうゆをかけ、3の薬味を添える。

田楽みそ
桜味噌と信州味噌を合わせた芳醇な旨み

材料
京桜味噌…300g
信州味噌…200g
砂糖…350g
日本酒…100ml
みりん…100ml

つくり方
1. 鍋に材料をすべて入れて弱火にかけ、木ベラで10分間ほど練る。
2. 濃度がついてきて、鍋肌からべたべたとはがれて鍋肌が見えるようにようになったらできあがり。

保存方法・期間
冷蔵で3ヵ月間保存可能。

調味味噌である桜味噌に信州味噌を加えてさらに旨みをアップさせた焼きもの用の味噌ダレ。
桜味噌は2種類以上の味噌を合わせて調製したものを使っている。

使いみち
肉や魚の焼きものにのせたり塗ったりします（右記）。また朴葉に**豚角煮**や**牡蠣**をのせて焼く**朴葉味噌**にも向いています。だしでのばせば、**焼きもののソース**にアレンジでき、**牡蠣の土手鍋**の味噌としても利用できます。
（中山幸三／幸せ三昧）

オリーブ味噌
コクのある素材を合わせた濃厚な味わい

材料
黒オリーブ…90g
味噌…90g

つくり方
1. ミキサーに黒オリーブと味噌を入れてなめらかになるまで回す。

保存方法・期間
冷蔵で2週間保存可能。

オリーブと味噌、それぞれのコクが互いを引き立て合う。
濃厚な味わいのディップなので、クセのある素材にも負けない味わいがある。

使いみち
スティック野菜や**魚の揚げもの**に添えてください。コクがあるので、**サバ**などの**クセのある魚**にもよく合います。
（米山 有／ぼつらぼつら）

鰆の田楽みそ焼き
(中山幸三／幸せ三昧)

皮側はパリッと焼いた香ばしさを生かしたいので、
田楽みそは身側に塗って焼き上げている。
みそを塗ったら焦がさないようにさっと炙るのみにとどめる。

材料 1人分
- サワラ(切り身)…160g
- 田楽みそ(左記)…適量
- 万願寺トウガラシ…1本
- 一味トウガラシ…少量
- サラダ油、塩…各適量

つくり方
1. サワラは三枚におろし、1枚160gの切り身にする。薄塩をあてて冷蔵庫に1時間おいて塩をなじませる。
2. 串を打って焼く。ほぼ完全に火が通ったら、刷毛で身側に田楽みそを塗って炙る。みそがフツフツと熱くなったら火から下ろす。
3. 万願寺トウガラシはサラダ油を塗って塩をふり、軽く炙る。ヘタと種を抜いて食べやすく切る。
4. サワラを盛り、一味トウガラシをふる。万願寺トウガラシを添える。

金山寺味噌とバルサミコのソース

濃厚なコクが肉料理にぴったり

材料
バルサミコ酢…600ml
金山寺味噌…40g

つくり方
1. バルサミコ酢は半量になるまで煮詰める。
2. 1を冷まし、金山寺味噌を混ぜ合わせる。

保存方法・期間
冷蔵で1週間保存可能。

日本とイタリア、産地は違えども、どちらも濃厚な風味をもつ二つの発酵調味料を合わせて肉料理にぴったりのソースに。日本酒、ワインのどちらにも合うひと皿となる。

使いみち
「豚肉と季節野菜のソテー金山寺味噌とバルサミコのソース」（下記）に使っています。
（米山 有／ぽつらぽつら）

豚肉と季節野菜のソテー 金山寺味噌とバルサミコのソース
（米山 有／ぽつらぽつら）

湘南産のみやじ豚をたっぷりの季節野菜とともにシンプルなソテーに。重層的な旨みをもつ金山寺味噌とバルサミコ酢のソースを合わせれば、力強く印象深いひと皿になる。

材料 1人分

豚肩肉(3cm角、長さ6cm)…100g

A
- シイタケ…1枚
- ブロッコリー…適量
- カリフラワー…適量
- 赤・黄パプリカ(厚さ1.5cmのくし形切り)…各1枚
- モロッコインゲン…1/2本
- プチトマト(シシリアンルージュ)…1個
- カボチャ(厚さ1cmのくし形切り)…1枚
- オクラ…1本
- ゴーヤ(厚さ1.5cmの輪切りを縦半分に切ったもの)…1枚
- 白ナス(厚さ2cmの輪切り)…1枚

金山寺味噌とバルサミコのソース(上記)…大さじ3
バター…5g
オリーブ油、塩、コショウ…各適量

つくり方

1 豚肩肉は焼く直前に塩、コショウをふる。フライパンにオリーブ油を熱し、豚肩肉とAを入れ、返しながら全面に焼き色をつける。Aは、焼き色がついたものから取り出しておく。

2 豚肉は焼き色がついたらフライパンから取り出し、温かい場所で8分間やすませる。

3 2のフライパンに金山寺味噌とバルサミコのソースを加え、鍋肌についた旨みを木ベラでこそげて溶かしながら、とろみがつくまで煮詰める。バターを加えて乳化させ、ソースを仕上げる。

4 1と2を200℃のオーブンで10分間温める。

5 肉を一口大に切り分け、野菜とともに皿に盛る。3のソースをスプーンですくい、肉、野菜、皿に少しずつかける。

芥子酢みそ(赤)
しっかりとした味の料理に

まとめて仕込んだ田楽みそ(p.138)に、
溶きがらしと酢を加えてのばしてつくる。
コクがあるので、味の濃いものや
脂分を含むものなど冬の料理にも向く。

材料
田楽みそ(p.138)…大さじ2
溶きがらし…小さじ1
米酢…5ml

つくり方
田楽みそに溶きがらしと米酢を加えてよく混ぜる。

保存方法・期間
からしの辛みと風味が飛ぶので使うときにその都度つくる。

使いみち
ぬたに用います。あるいは**アンキモ**のような
コクのある素材にかけたり、**和え衣**にするとよいです。
また**アサリ**、**ハマグリ**、**カキ**などの貝類を
ゆでたものの**和えダレ**や
かけダレにしてもよいでしょう。

(中山幸三／幸せ三昧)

芥子酢みそ(白)
さっぱりとした味わいの素材に

玉味噌をまとめてつくって常備し、
使うたびに酢と溶きがらしを加えてつくる。
赤の芥子酢みそよりも
さっぱりとした味の素材に合う。

材料
玉味噌(p.143)…大さじ2
溶きがらし…小さじ1
米酢…5ml

つくり方
玉味噌に溶きがらしと米酢を混ぜる。

保存方法・期間
からしの辛みと風味が飛ぶので使うときにその都度つくる。

使いみち
ボイルした**イカ**や**貝類**などの
和えものに使います。玉味噌は**クルミ**や
木ノ芽などをすり混ぜたり、
きざんだ薬味などを混ぜ込んで
薬味みそにアレンジすれば
用途がさらに広がります。

(中山幸三／幸せ三昧)

味噌柚庵地
魚介の焼きもの用の味噌ダレ

材料
白味噌…100ml
濃口醤油…80ml
日本酒…100ml
みりん…100ml

つくり方
1 材料をすべてよく混ぜ合わせる。

保存方法・期間
使うたびにつくり、その都度使い切る。

> **使いみち**
> サワラ、マナガツオ、エボダイ、スズキ、ノドグロ、タチウオを切り身にして40〜50分間ほど浸けたのちに焼きます。かけながら焼いてもよいです。
> （中山幸三／幸せ三昧）

柚庵地に味噌を加えた魚介の焼きもの用浸けダレ。味が染み込みにくい脂ののった魚を浸けるときは、配合を変えてタレの味を濃くするのではなく、浸け時間を長くとることでしっかりと味がつくように調整する。

くるみみそ
玉味噌にクルミのペーストを加えた焼きもの用のタレ

材料
クルミペースト
　むきクルミ（渋皮なし）…500g
　煮切り酒…600ml
玉味噌
　西京漉し味噌…500g
　日本酒…180ml
　みりん…140ml
　砂糖…25g
　卵黄…5個

つくり方
1 クルミペーストをつくる。むきクルミをすり鉢でなめらかにすり、煮切り酒を加えすり混ぜて、ペースト状にする。
2 玉味噌をつくる。日本酒とみりんを鍋に入れて火にかけ、沸かしてアルコール分を飛ばす。ここに西京漉し味噌、砂糖、溶いた卵黄を加え、弱火にかけて木ベラで10分間ほど練る。
3 2の玉味噌に火が入ったら、鍋を火にかけたまま1のクルミペーストを加え、1分間ほど練って仕上げる。

保存方法・期間
冷蔵で10日間保存可能。

> **使いみち**
> 焼いた鶏肉にのせて炙るとよいです。また、角切りにした豚肉をやわらかく炊いたものにかけて焼き目をつけてもよいでしょう。
> （中山幸三／幸せ三昧）

クルミをすりつぶしたペーストに玉味噌（調味味噌）を混ぜた焼きもの用の味噌ダレで、肉によく合う。クルミの走りの時期である夏から旬の秋に向けての料理に重宝する。

Part7 醤油&味噌

土佐酢ジュレ

カツオ節の旨みと米酢の酸味を加えただしを冷たいジュレに

材料
だし(p.197)…1080ml
A 「米酢…90ml
　濃口醤油…90ml
　みりん…90ml
　カツオ節…ひとつかみ
板ゼラチン…20g

つくり方
1 だしを沸かし、Aを加え、沸騰寸前で火を止めて漉す。水で戻した板ゼラチンを加えて溶かす。
2 密閉容器に移して氷水に当て、冷めたら冷蔵庫に入れて冷やし固める。使用時は、適宜崩して用いる。

保存方法・期間
冷蔵で4〜5日間保存可能。

だしに追いガツオをして旨みと香りをさらに強め、米酢を加え、冷たいジュレ状にすることで素材に絡みやすくしている。ポン酢代わりに使える便利なジュレ。

使いみち
カツオのたたきにすりおろした**キュウリ**をのせ、崩したジュレをかけるとよいです。
昆布締めのキスや**酢締めにしたアジ**にかけてもよいでしょう。
また、**ワカメとキュウリの酢の物**や**サラダ**のドレッシング代わりにするのにも向いています。

（中山幸三／幸せ三昧）

column 煮詰めるというテクニック

フォンなどのだし類を煮詰めてつくる 
肉のジュの
ヴィネグレット(p.20)

酢を煮詰めてつくる 
金山寺味噌と
バルサミコのソース(p.140)

アルコールを煮詰めてつくる
赤ワインソース(p.169)

　ソースの宝庫であるフランス料理。さまざまなソースづくりのテクニックがあるが、取り入れやすいものとして"煮詰める"というテクニックがある。
　このテクニックに適している素材としてはフォンやブイヨンなどのだし類、バルサミコ酢などの酢、アルコール類がある。いずれも煮詰めることで旨みが凝縮され、ソースとしての力強さが生まれる。
　本書掲載のだし類を煮詰めたソースとしては「海老のジュのヴィネグレット」(p.18)、「肉のジュのヴィネグレット」(p.20)がある。

どちらも煮詰めただし類とヴィネグレットを混ぜたもので、サラダはもちろん、肉・魚料理にもオールマイティーに使える。また、「アサリバター」(p.58)はジャガイモとアサリ、それぞれのゆで汁を煮詰めて合わせるという変則技を使ったソース。野菜と貝の旨みを重ね、より強い味わいを生み出している。
　酢を煮詰めたものとしてはバルサミコ酢を使った「金山寺味噌とバルサミコのソース」(p.140)、白ワインヴィネガーとヴェルモットを使った「ヴェルモット風味のバターソース」(p.60)がある。

　アルコールを用いるものの中で最も手軽につくれるのは「フランボワーズのソース／カシスのソース」(p.172)。リキュールを煮詰めるだけとつくり方は簡単だが、力強い味わいのソースとなる。また、スパイスを加える「赤ワインソース」(p.169)や「グレイズ紹興酒」(p.172)、日本酒に調味料を加える「甜麺醤ソース」(p.146)などは、加えるスパイスと調味料を変えれば、幅広く応用できるテクニックだといえよう。

Part 8 中国・東南アジアの調味料

日本でもおなじみの中国の調味料と、
近年では家庭でも使われるようになってきた
東南アジアの調味料。
これらは料理の幅を広げるのに大きく貢献してくれる。
その可能性を存分に生かしきれる
レシピを収録した。

XO醬

そのまま食べてもおいしい

材料
- 干し貝柱…500g
- 干しエビ…200g
- 日本酒…適量
- A
  - エシャロット(みじん切り)…500g
  - ニンニク(みじん切り)…60g
- B
  - 金華ハム(みじん切り)…30g
  - 蛯子*…10g
  - パプリカパウダー…30g
- 綿実油…1.5L

*エビの卵(外子)を乾燥させたもの

つくり方
1. 干し貝柱と干しエビは、それぞれひたひたの日本酒に1日浸して戻し、干し貝柱は蒸し器で1時間蒸してほぐし、干しエビは15分間蒸して細くきざむ。
2. 綿実油を150〜160℃に熱し、Aを加える。かき混ぜながら材料の水気が飛ぶまで加熱する。
3. 2に1を加え、かき混ぜながら水気が飛ぶまで加熱する。
4. 3にBを加え、かき混ぜながら加熱する。水気が飛んだら火から下ろして冷ます。

保存方法・期間
冷蔵で1ヶ月間保存可能。

そのまま食べてもおいしいXO醬。
低温でじっくりと加熱して、
材料の旨みをやさしく引き出している。
トウガラシは加えないため、干し貝柱と
干しエビの旨みがクリアに味わえる。

使いみち
そのままでもよい**酒肴**になります。また、**ラーメン**や**シュウマイ**にのせたり、**餃子**のタレに加えたりしてもよいです。

(西岡英俊／レンゲ エクリオシティ)

甜麺醤ソース

甜麺醤を使った濃厚でまろやかなソース

材料
甜麺醤…100g
煮切り酒…200ml
中国たまり醤油(老抽王)…10g
グラニュー糖…50g
ゴマ油…20g

つくり方
1. 鍋に材料をすべて入れ、とろみが出るまで煮詰める。

保存方法・期間
冷蔵で1ヶ月間保存可能。

甜麺醤に中国醤油、日本酒を加えて煮詰めたソース。濃厚でまろやかな味わいで、こってりとした素材や揚げものにも負けない力強さが特長だ。

使いみち
豚、鶏、鴨などに合います。焼豚(右記)や北京ダックのタレにもよいです。また、素揚げした角切りのナスをこのソースで和え、レタスにくるんで食べてもおいしいです。その他には、ズッキーニ、下ゆでしたトウガンやカボチャなどに片栗粉をまぶして揚げ焼きにしたものにもよく合います。

(西岡英俊／レンゲ エクリオシティ)

赤唐辛子入りシーズニングソース

東南アジアの大豆醤油に生トウガラシを入れた卓上調味料

材料
シーズニングソース…適量
赤トウガラシ(生、輪切り)…適量

つくり方
1. 小皿にシーズニングソースを入れ、赤トウガラシを加える。トウガラシの量は好みで調節する。

保存方法・期間
使うたびにつくり、その都度使い切る。

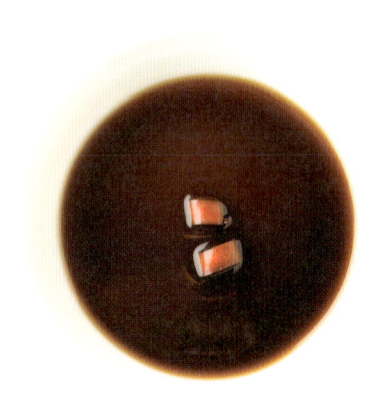

コクがあって旨みも濃いシーズニングソースに生の赤トウガラシを加えたベトナムの合わせ調味料。卓上で味を足したいときや変えたいときに、つけダレやかけダレとして各自が好みで使う。

使いみち
ベトナムでは、卓上で各自が小皿に好みの量のシーズニングソースと赤トウガラシを入れてつくり、コクや味が足りないときや味を変えて楽しみたいときに使います。鍋料理や卵焼き、ゆでた魚や肉のつけダレにするとよいです。薄味の野菜の塩炒めなどに添え、好みでつけたりかけたりするという使い方もできます。

(足立由美子／マイマイ)

焼豚バーガー
（西岡英俊／レンゲ エクリオシティ）

焼豚を花巻ならぬバンズにはさんで、
ハンバーガー仕立てに。甜麺醤ソース、
塩玉子とザーサイ入りの変わりタルタルソースを添え、
新感覚のグルメバーガーのできあがり。

材料 1人分

- 焼豚(p.197)…50g
- 甜麺醤ソース(左記)…15g
- 塩玉子のタルタルソース(p.32)…20g
- バンズ(ハンバーガー用)…1個
- レタス…1/2枚
- タスマニアマスタード…大さじ1
- 白髪ネギ…適量
- 水溶き片栗粉…適量

つくり方

1. バンズを半分にスライスし、フライパンで両面を焼く。
2. 焼豚の両面をフライパンでこんがりと焼く。
3. 甜麺醤ソースを温め、水溶き片栗粉でとろみをつける。
4. 1のバンズの下側にタスマニアマスタードを塗り、レタスをバンズの大きさに折ってのせる。その上に2をのせ、2に3を塗り、白髪ネギをあしらう。
5. バンズの上側の断面に塩玉子のタルタルソースを塗り、4とともに皿に盛る。

Part 8 中国・東南アジアの調味料

南乳ソース
南乳の強い風味を砂糖でまろやかに

材料
南乳…230g
グラニュー糖…60g

つくり方
ボウルに材料を入れ、グラニュー糖が溶けるまでハンドブレンダーで攪拌する。

保存方法・期間
冷蔵で1ヶ月間保存可能。

使いみち
仔羊のローストにソースとして添えます（右記）。今回は極めてクセの少ない**乳飲み仔羊**を使いましたが、もう少し月齢が高くややクセの出てきた**ラム**にもよく合います。中国南方ではこのソースにゴマ油を加え、**豚や羊のしゃぶしゃぶ**のタレとします。

（西岡英俊／レンゲ エクリオシティ）

南乳は、豆腐を赤米の麹に漬け込んだ中国の発酵食品。腐乳に似て、独特の強い風味とコクが特徴だ。砂糖を加えることでエグみがまるくなり、南乳特有の風味が旨みとして感じられるようになる。

腐乳ディップ
腐乳にクリームチーズを加えて、クセを和らげる

材料
腐乳…200g
煮切り酒…200ml
クリームチーズ…100g

つくり方
ボウルに材料をすべて入れ、ハンドブレンダーでなめらかになるまで攪拌する。

保存方法・期間
冷蔵で2週間保存可能。

使いみち
おまかせコースの前菜盛り合わせに**「よだれ鶏」**（p.154）を組み込んでいるのですが、辛いものが苦手な方にはこのソースを使っています。鹿や馬などのさっぱりとした**赤身肉のタルタル**や、**ゆで野菜**にかけてもよいです。

（西岡英俊／レンゲ エクリオシティ）

腐乳はその独特の風味を苦手とする人も多いが、クリームチーズを加えるとクセがまろやかになる。臭みの奥に隠れている腐乳の旨みとコクを引き出したディップ。

乳飲み仔羊　南乳ソース
(西岡英俊／レンゲ エクリオシティ)

南乳はクセのある食材との相性がとてもよいため、羊ともよく合う。
ここではしっとりとポワレした乳飲み仔羊の背肉のソースに。
羊特有の香りや赤身肉の味わいと、
南乳の独特の風味が互いを引き立て合う。

材料 1人分
乳飲み仔羊…背骨3本分
南乳ソース（左記）…45ml
鶏のだし(p.197)…45ml
塩…適量

つくり方
1 乳飲み仔羊は、背骨3本のうち真ん中の1本を肉から外して捨てる。
2 1に塩をふり、南乳ソースをからめる。フライパンを中火にかけ、脂側を下にして4〜5分間焼く。次に骨側を下にして4〜5分間焼く。温かい場所で約10分間やすませる。
3 フライパンに残ったソースに鶏のだしを加えて温める。とろみがついたら皿に流し、2を半分に切って盛る。

Part 8 中国・東南アジアの調味料

ヌクチャム
ベトナムのタレといえば

材料

A ┃ ヌクマム…30ml
　┃ ニンニク（みじん切り）…½片分
　┃ ライム（レモン）の搾り汁…30ml
　┃ 赤トウガラシ（生、みじん切り）
　┃ 　…½本分
グラニュー糖…大さじ3
湯…90ml

つくり方

1. グラニュー糖を湯に溶かす。
2. 1とAを混ぜ合わせる。

保存方法・期間

冷蔵で4〜5日間保存可能。

ベトナムでは最もポピュラーなタレで、
つけダレや和えダレとして使われる。
このレシピは南部風の少し甘めの
配合だが、家庭やお店、
合わせる料理によって割合はさまざま。

使いみち

ベトナムでは、**揚げ春巻き**、**ゆで豚肉と野菜のライスペーパー巻き**のつけダレにする他、いろいろな料理に使われます。マイマイでは、**焼きナスの和えダレ**や、**焼いた肉と生野菜のサラダ**のドレッシングなどに使っていますが、これらに限らず**サラダ全般**に使えます。いろいろな**野菜をせん切りにしたサラダ**や、**豚しゃぶサラダ**にもよく合うと思います。
今回のレシピは南部風の甘めのものですが、調味料の割合は好みで調整してください。
また、ライムやレモンはものによって酸味の強さが違うので、必ず味見をして量を調整してください。

（足立由美子／マイマイ）

揚げ春巻き
（足立由美子／マイマイ）

ベトナムの定番料理のひとつ。つまみにもよく、野菜で巻いてさっぱりと食べる。
あんは豚肉がベースで、そこにカニの旨み、キクラゲや春雨の
楽しい食感を加えたもの。小さな形にするのは南部のスタイル。

材料 20本分

あん
　豚挽肉…200g
　カニ（ほぐし身）…100g
　春雨（乾燥）…10g
　キクラゲ（乾燥）…4g
　玉ネギ（みじん切り）…40g
　ニンニク（みじん切り）…2片分
　溶き卵…½個分
　砂糖…小さじ½
　塩…小さじ¼
　黒コショウ（粗挽き）…小さじ2

ライスペーパー（長方形）…20枚
ヌクチャム（上記）…適量
サニーレタス…春巻き1本につき½枚
大葉…春巻き1本につき1枚
香菜…適量
サラダ油…適量

つくり方

1. あんをつくる。
　① 春雨とキクラゲは水に浸して戻す。春雨は適当な長さに切り、キクラゲはみじん切りにする。
　② ボウルに①とその他の材料を入れ、粘りが出るまでよく混ぜる。
2. ライスペーパーであんを巻く。
　① ライスペーパーはまな板に置き、手で水を塗って戻す。
　② ①を縦長に二つ折りし、手前にあんを

約20gのせる。
③ 手前からひと巻きし、ライスペーパーの左右の端を内側に折りたたむ。
④ さらに手前から巻いていき、巻き終わりに水をつけてとじる。

3 **2**を揚げる。
① 鍋に巻き終わりを下にした**2**を並べ、春巻きの高さの2/3までサラダ油を注ぎ、火にかける。
② 160〜170℃になったら弱火にして温度を保ちながら揚げる。底の面がキツネ色になったら返し、もう一方の面もキツネ色になるまで揚げる。

4 鍋から**3**を取り出して油を切り、サニーレタス、大葉、香菜とともに皿に盛る。ヌクチャムを小皿に入れて添える。サニーレタスで揚げ春巻き、大葉、香菜を巻き、ヌクチャムをつけて食べる。

Part **8** 中国・東南アジアの調味料

しょうがヌクチャム
さわやかなヌクチャム

ベトナムの定番ダレ、ヌクチャムの
ニンニクをショウガに変えたもの。
ヌクチャムの特徴である
酸味、辛み、甘み、塩気、
旨みのバランスのとれた味わいに
ショウガのさわやかさが加わる。

材料

A ┌ ヌクマム…15ml
  │ ショウガ(みじん切り)…大さじ2
  │ ライム(またはレモン)の搾り汁…15ml
  └ 赤トウガラシ(生、みじん切り)…適量
グラニュー糖…大さじ1.5
湯…45ml

つくり方

1 グラニュー糖を湯に溶かす。
2 1とAを混ぜ合わせる。

保存方法・期間

冷蔵で3～4日間保存可能。

使いみち

さっぱりとした味わいで、さまざまな料理に使えます。
タイなどの白身魚やカジキマグロのフリットの
つけダレ、**焼きナス**の和えダレ、**ゆでイカ**や**ゆでアサリ**の
かけダレなどには特におすすめ。意外なところでは、
モズク、ワカメ、メカブなどの海藻類とも相性がよく、
かければ東南アジア風の変わり酢のものができます。
天ぷら(具材はエビ、モズク、ミョウガ、葉ショウガなど)の
つけダレにしてもおいしいです。

(足立由美子／マイマイ)

スイートチリヌクチャム
簡単につくれるスイートチリソース

ヌクチャム(p.150)に赤トウガラシと
グラニュー糖を足したもの。
市販のスイートチリソースの味わいを
簡単につくりだすことができる。

材料

ヌクチャム(p.150)…30ml
赤トウガラシ(生、みじん切り)…1本分
グラニュー糖…小さじ2

つくり方

1 材料をすべて合わせ、グラニュー糖が
  溶けるまでよく混ぜる。

保存方法・期間

使うたびにつくり、その都度使い切る。

使いみち

タイ料理の**ヤム・ウンセン**(春雨サラダ)の和えダレや
ガイ・ヤーン(タレに漬け込んで焼いた鶏)の
つけダレなどやスイートチリソースの代わりとして使えます。
フリットのつけダレにしてもよいです。具材は**イカ**をはじめ、
魚介、肉、野菜、どんなものにでも合います。
また**ゆでたり焼いたりしたイカやエビ、
焼き鳥**のつけダレにしてもよいです。

(足立由美子／マイマイ)

黒酢ダレ
油っこい素材をさっぱりと食べさせる

材料
- A
  - 黒酢…100g
  - ゴマ油…30ml
  - グラニュー糖…70g
- 日本酒…300g
- 水溶き片栗粉…適量

つくり方
1. 鍋に日本酒を入れて火にかけ、煮切る。
2. Aを加えて、グラニュー糖が溶けるまで混ぜながら加熱する。
3. 水溶き片栗粉を加えてとろみをつける。

保存方法・期間
冷蔵で2週間保存可能。

使いみち
揚げワンタン、鶏や魚の唐揚げ、**川魚料理**によく合います。
酢豚のタレとしても活用でき、
焼いた豚肉にからめてもおいしいです。
（西岡英俊／レンゲ エクリオシティ）

甘みをきかせてまろやかに仕上げた黒酢のタレ。揚げものや脂のある素材をさっぱりと食べさせることができる。

サテー
レモングラスが香る辛い香味油

材料
- A
  - レモングラス（みじん切り）…大さじ2
  - ニンニク（みじん切り）…大さじ2
- 赤トウガラシ（生、みじん切り）…4〜6本分
- サラダ油…90ml

つくり方
1. フライパンにサラダ油を入れ、Aを炒める。
2. 香りが立ち、Aが香ばしい色になったら赤トウガラシを加えて火を止める。

保存方法・期間
冷蔵で1〜2日間保存可能。

使いみち
腐乳を使ったタレに加えて鍋料理のつけダレにしたり、
スープや汁麺にたらしたりして、
辛みと香りを加えるのに使います。
また、**炒めものの味つけ**調味料に加えてもよいです。
（足立由美子／マイマイ）

ベトナムの香味油。レモングラス、ニンニク、赤トウガラシを油で炒めてつくる。さわやかな香りと辛みが特徴。

Part 8　中国・東南アジアの調味料

四川だれ

2種の豆板醤で深みのある辛さに

材料
A ┌ ピーシェン豆板醤*1…50g
　├ 豆板醤…50g
　└ 朝天辣椒(パウダー)*2…50g
綿実油…360ml
中国淡口醤油(生抽王)…30ml

*1 豆板醤の本場、中国・四川省ピーシェン県でつくられるもの。
*2 中国・四川産の辛みの強い赤トウガラシ。

つくり方
1 ボウルにAを入れ、200℃に熱した綿実油を加えて泡立て器でよく混ぜる。
2 1に中国淡口醤油を加える。

保存方法・期間
冷蔵で2週間保存可能。

四川省産の香り高くほのかに甘みも感じられるトウガラシ・朝天辣椒に、2種の豆板醤を加えた辛いソース。ただ辛いだけではない、重層的な味わいが特長。

使いみち
「よだれ鶏」(下記)のソースに使っています。醤油、酢、ニンニクを加えれば**雲白肉**(ウンパイロウ)(ゆで豚肉に辛いタレをかける中国料理)のタレにもできますし、**ゆでた魚介類**にかけてもよいです。醤油やマヨネーズを加えて展開しても面白いソースができると思います。

(西岡英俊／レンゲ エクリオシティ)

よだれ鶏
(西岡英俊／レンゲ エクリオシティ)

四川の冷前菜で、名前の由来は
「よだれが出るほどおいしい」からだと言われている。
トウガラシと2種の豆板醤が織り成す多面的な辛みのソースを、
しっとりと蒸し上げた鶏肉が受けとめる。

材料 つくりやすい分量
鶏ムネ肉…2枚
四川だれ(上記)…1人分40g
キュウリ(せん切り)…適量
アサツキ(輪切り)…適量
紹興酒…適量
A ┌ 花椒…適量
　├ 長ネギ…適量
　└ ショウガ…適量
B ┌ 水…1L
　├ 紹興酒…50ml
　└ 塩…3g
塩…適量

つくり方
1 鶏ムネ肉は皮と筋を外し、塩をして30分間おく。皮と筋は取り置く。
2 鶏ムネ肉の水気を拭いてバットに入れ、紹興酒をふる。Aをのせて、70℃のスチームコンベクションオーブンで7分間加熱し、裏返してさらに7分間加熱する。
3 鍋に1で取り置いた皮と筋、Bを入れて火にかけ、沸かしてアクを取り除く。
4 3が熱いうちに2を蒸し汁ごと加える。冷めたら冷蔵庫で冷やしておく。
5 4の鶏ムネ肉を厚さ5mmのそぎ切りにする。皿にキュウリと鶏ムネ肉を盛り、四川だれをかけてアサツキを散らす。

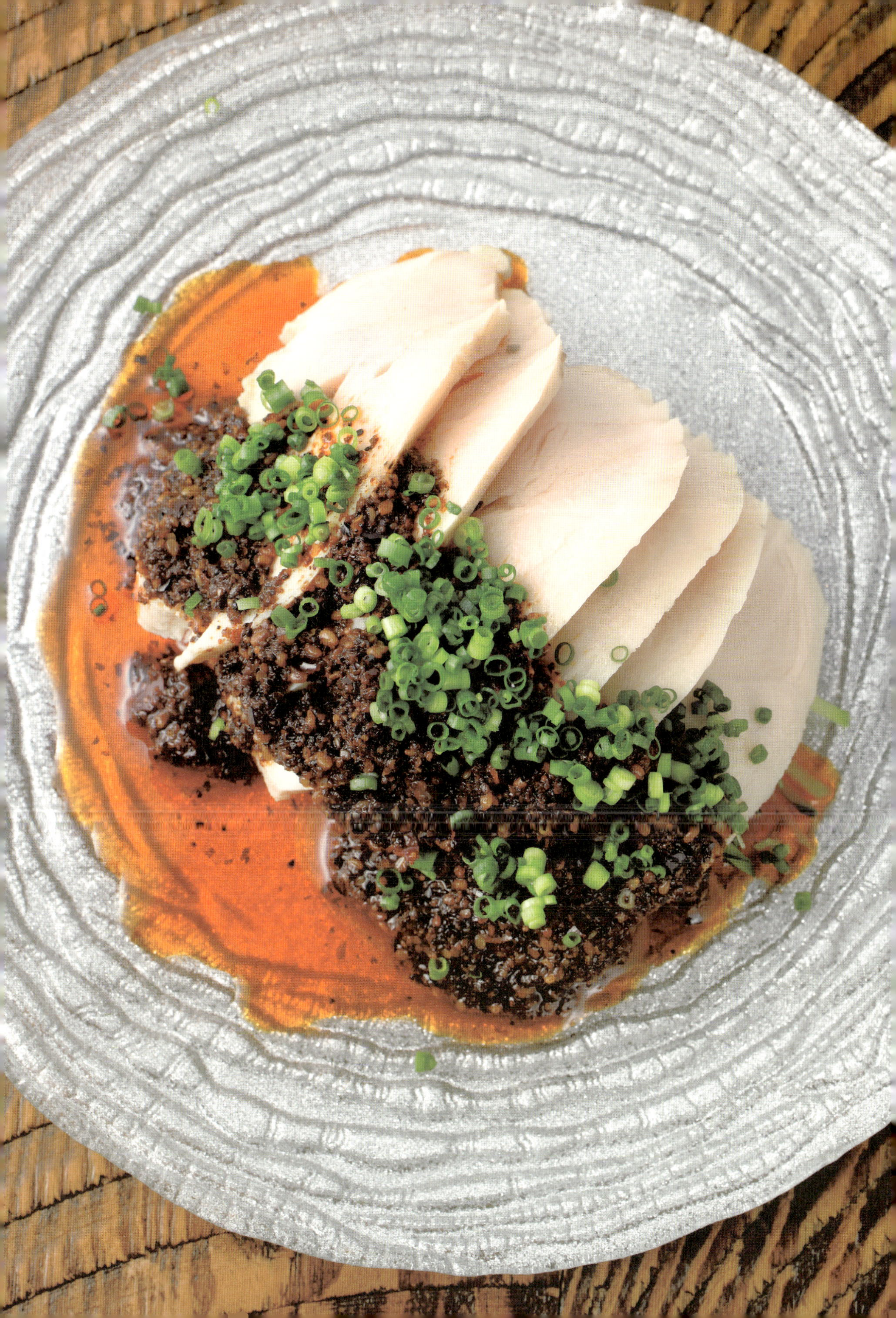

炒め麺の合わせソース
パッタイの味が手軽につくれる

材料
オイスターソース…60ml
ホットチリソース*…20ml
グラニュー糖…小さじ2
シーズニングソース（または濃口醬油）
　…5ml

＊赤トウガラシ、ニンニク、赤玉ネギなどでつくられる東南アジアの辛いソース。タイやベトナム食材を扱う店で入手可能。

つくり方
材料をすべて合わせ、グラニュー糖が溶けるまでよく混ぜる。

保存方法・期間
冷蔵で2～3日間保存可能。

調味料を混ぜるだけでつくれる
手軽さが魅力。麺の味つけだけでなく、
炒めものに使ってもよく、
やや甘めの仕上がりになる。

使いみち
炒め麺や炒めものの味つけ用に使います。
「**お手軽パッタイ**」（下記）には**タイの米麺**を使いますが、
焼そばの麺や**稲庭うどん**、
マカロニを使ってもおいしいです。
また、**牛肉とカリフラワーの炒めもの**や、
エビかホタテと野菜
（玉ネギ、ニラ、もやしなど）の炒めものの味つけにも。

（足立由美子／マイマイ）

お手軽パッタイ
（足立由美子／マイマイ）

パッタイはタイ料理の人気の一品で、
野菜やエビなどが入った米麺の焼きそば。
味つけ用のソースをあらかじめつくっておけば、
手早くつくれて味のクオリティも安定する。

材料 2人分
センレック（タイの中太米麺）*…100g
炒め麺の合わせソース（上記）…大さじ3
溶き卵…1個分
むきエビ（大）…10尾
玉ネギ（幅1〜2cmのくし形切り）
　…1/6個分
もやし…60g
ニラ（長さ3〜4cmに切る）…50g
トマト（ざく切り）…1/4個分

ニンニク（みじん切り）…小さじ1
水…50ml
黒コショウ…適量
サラダ油…15ml＋15ml

＊なければ稲庭うどんや焼そばの麺を使ってもよい。米麺は炒めるとフライパンにくっつきやすいので、他の麺のほうが炒めるのは簡単。

つくり方

1. センレックをぬるま湯（分量外）に10〜20分間浸して戻す。
2. フライパンにサラダ油15mlを入れて火にかける。煙が出るくらい油が熱くなったら、溶き卵を流し入れて炒め、やわらかめのスクランブルエッグをつくる。いったん取り出しておく。
3. 2のフライパンにサラダ油15mlを足し、ニンニクを炒める。香りが立ってきたら、むきエビを加える。
4. エビの表面の色が変わったら、玉ネギを加え、次に1のセンレックと分量の水を加えて混ぜる。
5. 4にもやしとニラを加え混ぜ、炒め麺の合わせソースを入れて全体になじませる。
6. 5の水気が少なくなってきたら、2のスクランブルエッグを戻し入れ、トマトも加えて、炒め合わせる。皿に盛り、黒コショウをふる。

Part **8** 中国・東南アジアの調味料

ヌクマムソース

揚げた鶏をさっとからめる

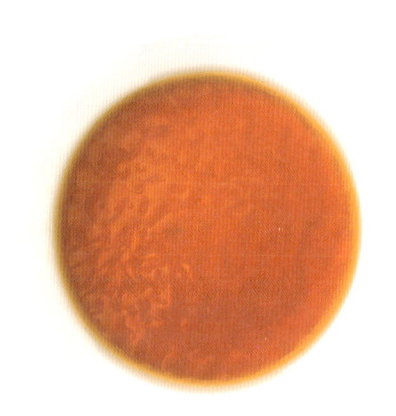

材料
ヌクマム…90ml
シーズニングソース…45ml
ゴマ油…30ml
グラニュー糖…大さじ4

つくり方
1. 材料をすべて合わせ、グラニュー糖が溶けるまで混ぜる。

保存方法・期間
冷蔵で約1週間保存可能。

使いみち
鶏手羽の素揚げや鶏モモ肉の揚げ焼きを、揚げたての状態でこのタレにさっとからめ、すぐに取り出します。ベトナムではもっぱら揚げ鶏に使いますが、**白身魚、小アジやワカサギ**などの**小魚、豚肉の唐揚げ、豚薄切り肉**に片栗粉をはたいてカリカリに**揚げ焼き**にしたものなどにからめてもおいしいです。
（足立由美子／マイマイ）

鶏肉を揚げ焼きにして、
ヌクマムベースのこのタレを
さっとからめた料理はベトナムの定番の
おかず兼つまみ。
鶏肉以外の揚げものにも使える。

鶏手羽の唐揚げ ヌクマムソース

（足立由美子／マイマイ）

鶏手羽をカリカリに素揚げし、ヌクマムベースの
甘じょっぱいタレをからめている。
ベトナムではおかずとしてもつまみとしても
食べられている定番料理。

つくり方 1人分

1. 鶏手羽中(3本)は火の通りが早くなるように裏側の骨と骨の間に隠し包丁を入れる。
2. 揚げ油を170℃に熱し、水気を拭いた1を入れ、カリカリになるまで15～20分間揚げる。
3. ボウルにヌクマムソースを入れておく。2の油を切り、揚げたてをボウルに入れてソースにさっとくぐらせる。
4. 3を皿に盛り、食べやすく切ったトマト、キュウリ、香菜を添える。

花椒塩

花椒はから炒りして、ほどよい香りに

花椒をミネラル感たっぷりの
旨みの強い塩と合わせたつけ塩。
花椒は香りが強く、ともすると
素材の味がわからなくなりがちなので、
から炒りしたものを使い、
ほどよい香りに調整する。

材料
花椒…適量
塩（フランス・ブルターニュ産の海塩）
　…適量

つくり方
1. 花椒は、アルミホイルを敷いたフライパンでから炒りし、フードプロセッサーで粗めに砕く。
2. 塩はフライパンでから炒りして水分を飛ばし、フードプロセッサーにかけて裏漉しする。さらにフライパンでから炒りする。
3. 1の花椒と2の塩を、1：5の割合で合わせる。

保存方法・期間
常温で1年間保存可能。

使いみち
フリット、天ぷら、ベニエ、フライ、とんかつなど、衣をつけて揚げたものになんにでもよく合います。具材はエビなどの魚介をはじめ、肉、野菜などどんなものにもオールマイティに合わせられます。

（西岡英俊／レンゲ エクリオシティ）

ムイティウチャン（塩こしょうライムだれ）

卓上で塩、コショウにライムを搾り入れてつくる

卓上で塩、コショウに柑橘を
搾り入れてつくるベトナムのタレ。
塩とコショウの割合は好みで調整する。
レモンよりもライムのほうがベトナムで
使われている柑橘に似た味わいなので、
ぜひともライムを使いたい。

材料　1人分
塩…小さじ1/4
黒コショウ…小さじ1/4
ライム（なければレモン）…1/16個分

つくり方
1. 塩と黒コショウを混ぜて小皿に盛り、ライムを添えて提供する。使う際に、ライムを塩、黒コショウに搾りかけ、混ぜてタレとする。塩、コショウの割合は好みで調整する。

保存方法・期間
使うたびにつくり、その都度使い切る。

使いみち
蒸すかゆでるかしてさっぱりと調理した魚介や肉、または揚げものによく合います。アサリやハマグリなどの貝類や鶏の蒸しもの、魚の揚げもの、ぶつ切りにしてゆでた魚や肉のつけダレにもよいです。また、焼肉のつけダレとして使うのもおすすめです。

（足立由美子／マイマイ）

Part 8　中国・東南アジアの調味料

ゆでたまごソース
野菜によく合う半熟卵ソース

材料
ゆで卵（半熟）…3個
A ┌ ヌクマム…15ml
  │ グラニュー糖…大さじ½
  └ 黒コショウ…少量

つくり方
1. ゆで卵の殻をむき、黄身と白身に分ける。
2. 白身は細かくきざみ、黄身とAを混ぜ合わせる。

保存方法・期間
つくった当日中に使い切る。

ベトナムには、ヌクマムにゆで卵を丸ごと入れて提供し、お客が卵を卓上で好みに合わせてつぶしてつくるタレがある。このタレをアレンジし、あらかじめきざんだゆで卵をヌクマム、砂糖と混ぜてソースにしている。

使いみち
ヌクマムの代わりにシーズニングソースを使うこともあります。ベトナムでは**ゆでキャベツ**に添えるソースですが、**青菜（コマツ菜、ホウレン草、チンゲン菜）**や**緑の野菜（ブロッコリー、オクラ、スナップエンドウ、サヤインゲン、絹サヤ**など）をゆでたものにもよく合います。**トースト**や**炊きたてのごはん**にのせてもおいしいです。
（足立由美子／マイマイ）

ゆで野菜の ゆでたまごソース添え
（足立由美子／マイマイ）

半熟たまごとヌクマムでつくったソースを、ゆでた緑の野菜に回しかける。ベトナムでは、もっぱらキャベツに使うソースだが、これらの青もの野菜にもよく合う。

つくり方
1. スナップエンドウは筋を取り除く。ブロッコリーは小房に分ける。キャベツは食べやすい大きさに切る。
2. 塩湯で1をさっとゆでる。
3. 2を器に盛り、ゆでたまごソースをかける。

Part 9 ゴマ&ナッツ

風味とコクの豊かな素材であるゴマとナッツ。
きざんで使えば歯ごたえと香りが、
丁寧にすりつぶしたり、ペースト状にしたものを使えば
なめらかな口ざわりが楽しめる。
辛み、甘みを加えてもよく、
チーズとの相性もよい。

ごまクリーム
用途に応じてだしを加え、濃度を調整する

材料
白練りゴマ…100g
淡口醬油…15ml
砂糖…大さじ2
だし(p.197、冷ましたもの)…30ml

つくり方
材料をすべて合わせてよく混ぜる。

保存方法・期間
冷蔵で1週間から10日間保存可能。

用途に応じてだしでのばして
使うゴマのクリーム。濃いめにつくっておき、
加えるだしの量で濃度を調節する。
こうすることで利用範囲の広いタレとなる。

使いみち 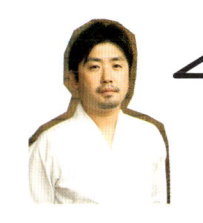
イチジクの風呂吹き(塩と淡口醬油で薄味をつけただしでイチジクを炊いたもの)にかけるとよいです。
また、ゆでたグリーンアスパラガスにかけてもよいでしょう。合わせる素材によって砂糖とだしの分量は調節してください。

(中山幸三／幸せ三昧)

黒ごまじょうゆ
黒ゴマをたっぷりと入れた刺身用つけ醬油

材料
黒すりゴマ…100ml
濃口醬油…200ml
溶きがらし…小さじ1

つくり方
材料をすべてよく混ぜ合わせる。

保存方法・期間
冷蔵で2週間保存可能。

あらゆる魚介類に合う、お造りの
つけ醬油の万能選手。とろみがあるので、
つけるだけでなく、かけて使うこともできる。

使いみち
カツオ、マグロ、イカ、イサキ、カンパチ、ブリなどのお造りのつけ醬油によいです。
酢で締めたアジやカマスの造りにも合います。
（中山幸三／幸せ三昧）

辛いごまダレ
2種の豆板醬で深みを、2種の酢で軽やかさを出したゴマダレ

材料
ピーシェン豆板醬*…20g
豆板醬…30g
白炒りゴマ（または白練りゴマ）…50g
米酢…25g
シェリーヴィネガー…25g
ゴマ油…25g

＊豆板醬の本場、中国・四川省ピーシェン県
　でつくられるもの。

つくり方
フードプロセッサーに材料をすべて入れ、回して混ぜる。

保存方法・期間
冷蔵で2週間保存可能。

辛み、酸味、ゴマの風味がバランスよく
調和したゴマダレ。炒りゴマを使うと
ゴマの香りが立つが、
好みで練りゴマに置き換え、
なめらかなタレにしてもよい。

使いみち
ゆでた野菜にかけたり、
豚肉や牛肉のしゃぶしゃぶの
つけダレにするとよいです。
また、酢を加えれば冷やし中華のタレに使えます。
（西岡英俊／レンゲ エクリオシティ）

かますの棒ずし 黒ごまじょうゆがけ
(中山幸三／幸せ三昧)

脂がのっているカマスは皮が旨いので、皮付きで炙って香ばしさを出す。これを棒ずしに仕立て、コクのある黒ごまじょうゆを添えている。あしらいは漬物をきざみ、塩昆布で和えた覚弥和え。

材料 2人分
カマス…1/4尾
塩、米酢…各適量
すし飯*1…100g
黒ごまじょうゆ(左記)…小さじ2
覚弥和え*2…適量

*1 米(3合)を炊き、寿司酢(米の1/10量／つくり方：米酢700ml、砂糖200g、塩130gを混ぜ合わせる)を熱いご飯に加えて混ぜる。

*2 たくあん(100g)、奈良漬(50g)、ミョウガの浅漬け(3本)、キュウリの浅漬け(1本)を薄切りにして混ぜ、きざんだ塩昆布(5g)で和える。

つくり方
1 カマスは三枚におろし、小骨を抜いて薄塩をあてる。30分間冷蔵庫において塩をなじませる。

2 1を酢水で洗ったのち、米酢に15分間浸ける。取り出して水気を拭き、皮側に飾り包丁を入れてバーナーで炙る。

3 巻簾にラップフィルムを敷き、皮を下にしてカマスを並べる。すし飯を棒状にまとめてのせ、巻簾でカマスとすし飯を巻く。

4 巻簾を外して一口大に切り、ラップフィルムを外して盛る。

5 カマスの上に黒ごまじょうゆをたらし、覚弥和えを添える。

サルサ・ディ・ノーチ（クルミのソース）

クルミの力強い風味

材料
クルミ…250g
松の実…30g
A
- グラナパダーノ*…40g
- 牛乳…250g
- パン粉…40g
- ニンニク…1片
- オリーブ油…100g

＊イタリア・ロンバルディア州のハードチーズ。

つくり方
1. クルミ、松の実は170℃のオーブンで10〜15分間ローストする。
2. フードプロセッサーに1とAを入れ、なめらかになるまで撹拌する。

保存方法・期間
冷蔵なら3日間、真空パックにすれば冷凍で15日間保存可能。

クルミの香りと味わいが
豊かに感じられるなめらかなペースト。
牛乳やチーズを加えることで
コクをより強くし、ニンニクをきかせて
ナッツ特有の重さを力強さに変えている。

使いみち

北イタリアのリグーリア州では、**パンソッティ**という青菜入りのラビオリ（下記）にからめ、**パスタソース**とします。パンにのせてそのまま食べてもおいしく、**ゴルゴンゾーラのサンドイッチ**にソースとして使ってもよいです。

（湯浅一生／ビオディナミコ）

パンソッティ・アッラ・サルサ・ディ・ノーチ

（湯浅一生／ビオディナミコ）

青菜とリコッタを入れた小さなラビオリを、
クルミの風味豊かなソースで和えたイタリア・リーグリア地方の定番料理。
青菜のエグみとナッツの甘みを、チーズのまろやかな味わいがやさしくつなぐ。

材料
パンソッティ／10人分
- 生地
  - 強力粉…300g
  - 溶き卵…3個分
  - 塩…ひとつまみ
- 詰めもの
  - カブの葉（きざむ）…500g
  - リコッタ…125g
  - パルミジャーノ・レッジャーノ（すりおろし）…50g
  - パン粉…50g
  - ニンニクオイル*…適量

サルサ・ディ・ノーチ（上記）／1人分30g
ブロード（p.198）…適量
パルミジャーノ・レッジャーノ（すりおろし）、黒コショウ、塩…各適量

＊ニンニクオイルのつくり方：ニンニク（10片）は軽くつぶし、オリーブ油（300g）、種を取り除いた赤トウガラシ（1本、イタリア・カラブリア産の辛みの強いもの）とともに鍋に入れる。弱火にかけ、ニンニクがキツネ色になったら火から下ろして冷まし、上澄みを使う。

つくり方

1. パンソッティの生地をつくる。
   ① 強力粉に塩を混ぜ、溶き卵を少しずつ加えて練る。ラップフィルムに包んで冷蔵庫で一晩ねかせる。
   ② ①の生地を厚さ2mmに伸ばし、3.5cm四方の正方形に切り分ける。
2. パンソッティの詰めものをつくる。
   ① ニンニクオイルを温め、カブの葉をさっと炒め、冷ましておく。
   ② ①にリコッタ、パルミジャーノ・レッジャーノ、パン粉を加え混ぜる。
3. 生地の真ん中に詰めものを少量置く。対角線で半分に折って包み、端を指でおさえてくっつける。
4. 鍋にサルサ・ディ・ノーチ、ブロード、少量の水（分量外）を入れて温めておく。
5. 塩湯で**3**を3〜4分間ゆでる。
6. **4**の鍋にゆで上がった**5**を入れてソースをからめる。塩で味を調え、皿に盛る。パルミジャーノ・レッジャーノ、黒コショウをふる。

くるみだれ

かけてよし、和えてよし。クルミをたっぷりと使ったタレ

かけても和えてもよし。
すりつぶしたクルミのコクが特長で、
白和えの和え衣としても利用できる。

材料
むきクルミ（渋皮なし）…200g
煮切り酒…80ml
砂糖…大さじ2
淡口醬油…30ml

つくり方
1. むきクルミをすり鉢に入れてなめらかになるまで、しっかりとすりつぶす。
2. 煮切り酒を加えてさらにすったのち、裏漉し器で裏漉しする。
3. 砂糖、淡口醬油を加えてよく混ぜ、味を調える。

保存方法・期間
冷蔵で1週間保存可能。

使いみち
「焼なす煮こごり　くるみだれがけ」（右記）に使います。また、**薄味で煮たりゆでたりしたカボチャや鶏肉**にかけてもよいです。だしでのばせば**蕎麦のつけ汁**にも向きます。

（中山幸三／幸せ三昧）

ピーナッツみそソース

ピーナッツ入りの甘めの味噌ダレ

ベトナムでは生春巻きに
甘い味噌ダレを添える。そのタレを
ピーナッツペーストと赤味噌で再現。
ピーナッツとゴマのコクが加わった
少し甘めの味噌ダレだ。

材料
A ┌ ピーナッツペースト（加糖）…大さじ5
　├ 赤味噌…大さじ3
　├ グラニュー糖…小さじ1
　├ 白炒りゴマ…小さじ1
　└ 湯…90ml
白すりゴマ…大さじ2
ピーナッツ（粗くきざんだもの）…大さじ2

つくり方
1. ボウルにAを入れてよく混ぜる。
2. 提供時、1を小皿に盛り、白すりゴマとピーナッツをふる。

保存方法・期間
冷蔵で2～3日間保存可能。

使いみち
日本では**生春巻き**にヌクチャム（p.150）やスイートチリソースを添えて食べることが多いですが、ベトナムでは甘い味噌ダレを添えます。このレシピでは、日本で手に入る材料でベトナムの味を再現しました。ぜひ、生春巻きに添えてみてください。また、**厚揚げを小さく切ってカリカリに揚げたものや、青菜などのゆで野菜**にもとてもよく合います。

（足立由美子／マイマイ）

焼なす煮こごり　くるみだれがけ
(中山幸三／幸せ三昧)

夏から秋に旬を迎えるナスと新クルミを使った冷たい前菜。しっかりと皮を焼いて焦がしたナスの香ばしさにクルミのコクがよく合う。

材料 仕込み量
- ナス…12本
- くるみだれ(左記)…大さじ1
- 煮汁
  - だし(p.197)…960ml
  - 淡口醬油…60ml
  - みりん…60ml
- 板ゼラチン…60g
- 青ユズの皮…少量

つくり方
1 ナスは皮つきのまま網にのせ、強火で炙る。
2 全体が黒く焦げたら氷水に取って皮をむく。
3 煮汁の材料を合わせて沸かし、2のナスを入れてさっと炊く。煮汁に浸けたまま冷まして味を含ませる。
4 冷めたらナスを煮汁から取り出して軽く絞り、3等分に切って、18cm角の流し缶に3段に重ねて詰める。
5 4の煮汁1Lを温め、水で戻した板ゼラチンを溶かして4の流し缶に注ぎ、冷やし固める。
6 角に切り出してくるみだれをかけ、青ユズの皮をすってふる。

Part 9 ゴマ＆ナッツ

ピスタチオのペースト
ピスタチオの力強い味わいを前面に出したペースト

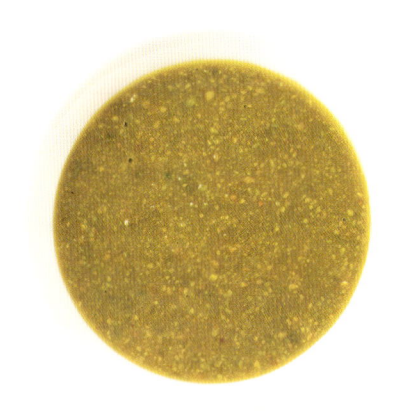

材料
ピスタチオ…100g
ペコリーノ・ロマーノ（すりおろし）…15g
E.V.オリーブ油…70g

つくり方
1. ピスタチオは180℃のオーブンで約15分間ローストする。
2. フードプロセッサーに材料をすべて入れ、冷凍庫で冷やす。よく冷えたら取り出し、なめらかになるまで回す。

保存方法・期間
冷蔵で3〜4日間保存可能。

ピスタチオの香りと味わいが力強く伝わるペースト。あらかじめ材料と道具を冷凍庫で冷やしておくことで、ピスタチオの色と香りが攪拌の熱で奪われることを防ぐ。

使いみち
ナポリで働いていた「タベルナ・エスティア」で教わったレシピです。アクセントとして使うペーストなので、少量でもピスタチオの香りと味わいが力強く感じられるペーストとなっています。**しっとりと焼いたマグロ、タイムとともに焼いたウサギ肉**などによく合います。
（岡野裕太／イル テアトリーノ ダ サローネ）

香菜とピスタチオのソース
ジェノヴェーゼソースをアレンジ

材料
香菜（きざむ）…120g
ピスタチオ…60g
ニンニク（すりおろし）…6g
シェリーヴィネガー…30g
コラトゥーラ*…適量
E.V.オリーブ油…120g

＊イタリアの魚醤。ナンプラーやヌクマムで代用可。

つくり方
1. フードプロセッサーに材料をすべて入れて、なめらかになるまで回す。

保存方法・期間
生のハーブが入ったソースは一般的に保ちが悪いが、これは油が多めなので比較的色が変わりにくく、冷蔵で1週間保存可能。

ジェノベーゼソースのバジルを香菜に、松の実をピスタチオに置き換えてアレンジ。香菜の香りとピスタチオの香ばしさが口いっぱいに広がる。味つけには香菜と相性のよい魚醤を使っている。

使いみち
夏らしい味わいのソースなので、**グリルした夏野菜**（トマト、ナス、ズッキーニ、ピーマン、パプリカなど）にかけたり、和えたりするとよいです。また、**冷やしたパスタ、そうめん、細めのうどん**にからめてもよいでしょう。
（西岡英俊／レンゲ エクリオシティ）

Part 10 アルコール

アルコールを煮詰めてソースの
ベースとすることで、
風味豊かで旨みの強いソースがつくれる。
スパイスで香りづけするのもおすすめ。

赤ワインソース

八角と陳皮が香るほのかに甘いソース

材料
赤ワイン…200g
A [中国淡口醤油(生抽王)…30g
ハチミツ…50g
八角…3片*
陳皮…1g]

＊八角の8つの片をばらばらにしたものを3つ使用。

つくり方
1　鍋に赤ワインを入れて火にかけ、アルコール分が飛んだら A を加える。弱火で15分間煮詰める。

保存方法・期間
冷蔵で1ヶ月間保存可能。

赤ワインに八角の甘い香り、陳皮のすっきりとした香りが加わったほんのりと甘いソース。

使いみち
鴨、牛、夏鹿といった血の味が感じられる赤身肉のソースにするとよいです。
（西岡英俊／レンゲ エクリオシティ）

鰯の肝と赤ワインのソース

赤ワインがイワシの肝のクセを生かす

赤ワインにイワシの頭と肝を加え、煮詰めてつくるソース。赤ワインの渋みやコクがイワシの肝のクセを中和し、旨みに変える。イワシを使った料理に添え、イワシを丸ごと食べてもらう仕立てに。

材料
イワシの頭、骨、内臓…4尾分
赤ワイン…100ml
水…300ml
あめ色玉ネギ(p.120)…15g
フォン・ド・ヴォー(p.198)…30ml
サラダ油、塩…各適量

つくり方
1 鍋にサラダ油を温め、イワシの頭と骨をつぶしながら5分間ほど炒める。水分が飛び、香ばしい香りがして、頭が完全に崩れたら、イワシの内臓と赤ワインを加える。
2 **1**がひと煮立ちしたら、水、あめ色玉ネギを加えて40分間ほど煮詰め、フォン・ド・ヴォーを加え混ぜる。
3 ミキサーに**2**を入れてなめらかになるまで回し、裏漉しする。塩で味を調える。

保存方法・期間
冷蔵で2～3日間保存可能。

使いみち
「鰯と梅のルーロー　鰯の肝と赤ワインのソース　牛蒡のガレット」(下記)のためのソースです。サンマの時期には**サンマ**に置き換えてつくっています。
(紺野 真／オルガン)

鰯と梅のルーロー　鰯の肝と赤ワインのソース　牛蒡のガレット
(紺野 真／オルガン)

イワシの身はルーローに、頭、骨、内臓はソースに、と一尾丸ごと余すところなく使ったひと皿。青魚のクセを和らげるために、味噌や梅肉を隠し味に使っている。サンマでつくってもおいしい。

材料 6人分
鰯と梅のルーロー
イワシ(大)…7尾
A［エシャロット(みじん切り)…60g
　ニンニク(みじん切り)…10g
　ショウガ(みじん切り)…10g］
ディルの葉(きざむ)…4枝分
味噌…小さじ½
梅肉(甘みのあるもの)…小さじ3
パセリパン粉*…適量
鰯の肝と赤ワインのソース(上記掲載の出来上がり全量)

牛蒡のガレット
ゴボウ…½本
B［澄ましバター…30ml
　溶き卵…½個分
　強力粉…大さじ1.5
　粉チーズ…大さじ1.5］
クレソン…適量
サラダ油、塩…各適量

＊パセリパン粉のつくり方：ミキサーにパン粉(50g)、ニンニク(1片)、イタリアンパセリの葉(6枝分)を入れ、細かくなるまで回す。

つくり方
1 鰯と梅のルーローをつくる。
① イワシは3枚におろし、フィレ14枚にする。頭、骨、内臓はソース(上記)に使う。フィレのうち、5枚はファルス用に取り置く。
② 残りのフィレのうち、6枚は形を整える。
③ 残りのフィレ3枚は長方形に形を整えてから半分に切る。①～③で出た端肉はすべてファルス用に取り置く。
④ ファルスをつくる。鍋にサラダ油をひき、**A**を弱火でしんなりするまで炒め、冷ましておく。①でファルス用に取り置いたフィレ5枚と①～③で出た端

肉を合わせて包丁で粗く叩き、炒めた**A**、ディルの葉、味噌を加え混ぜ、塩で味を調える。

⑤ セルクル（直径5cm）の内側にクッキングペーパーを敷く。②のフィレ1枚と③で半分に切ったもの1切れをセルクルの内側に貼り付けるようにして一周詰め、その中に④のファルスを詰める。ファルスの中央をくぼませ、梅肉をルーロー1個につき小さじ$1/2$ずつ詰める。上にパセリパン粉を適量のせる。

⑥ ⑤は天板にのせてセルクルを抜き、235℃のオーブンで3分間焼く。バーナーで表面にこんがりと焼き目をつける。

2 牛蒡のガレットをつくる。
① ゴボウはスライサーでささがきにする。さっとゆでて火を通し、水気を切る。
② **B**をよく混ぜ、①を加えてさらに混ぜる。
③ セルクル（直径5cm）の内側にサラダ油を塗り、熱した鉄のフライパンに置く。ごく弱火にし、セルクルに②を$1/10$量ずつ入れて広げ、両面を焼く。

3 盛りつける。皿に鰯の肝と赤ワインのソースを流し、鰯と梅のルーローをのせる。牛蒡のガレットを立てかけ、クレソンを添える。

Part **0** アルコール　171

フランボワーズのソース／カシスのソース

リキュールを煮詰め、肉料理やデザートのソースに

フランボワーズのソース

カシスのソース

ベリー類のリキュールは、
煮詰めるだけで味、香りともに驚くほど
濃厚なソースになる。デザートはもちろん、
肉料理にも使える。

材料
リキュール（フランボワーズまたはカシス）
…適量

つくり方
1. 鍋にリキュールを入れ、弱火で1/3量になるまで煮詰める。鍋をゆすってみて傾けたときに、鍋底に少し残るくらいの濃度になるまで煮詰める。

保存方法・期間
冷蔵で2週間保存可能。

使いみち
フォワグラのフランに栗のピュレと**フォワグラのポワレをのせた料理**に添えています。もちろん**デザート**に使ってもよいです。
また、フライパンで**鴨**や**鹿**などの血の風味の強い肉を焼き、取り出してフライパンに残った脂を軽くぬぐったところに、このソースをフォンとともに加え、軽く煮詰めて焼いた肉に添えてもよいでしょう。

（紺野 真／オルガン）

グレイズ紹興酒

脂ののった肉にも負けない強いコク

紹興酒と中国たまり醤油という
コクのある調味料同士を合わせて
煮詰めている。脂の強い肉類にも負けない
コクのある強い味のソース。

材料
紹興酒…200ml
八角…2片*
中国たまり醤油（老抽王）…30g

＊八角の8つの片をばらばらにしたものを2つ使用する。

つくり方
1. 鍋に材料をすべて入れ、半量になるまで煮詰める。

保存方法・期間
冷蔵で1ヶ月間保存可能。

使いみち
水溶き片栗粉を加えてとろみをつけ、
焼いたり蒸したりした牛肉、豚肉、フォワグラなどに添えるとよいです。

（西岡英俊／レンゲ エクリオシティ）

Part 11 果物&デザート

果物はデザートソースにはもちろんだが、
その甘みや酸味、香りを生かして料理のソースに用いるのもよい。
本章では果物のソースとディップに加え、
カスタードクリームなどのベーシックなソース、
チョコレートやココナッツミルクなどを使った
汎用性の高いデザートソースなどを
集めた。

オレンジとニンニクのコンポスタ

ニンニク入りのオレンジのコンポート

材料
- A
  - オレンジ(果肉をざく切り)…550g
  - 白ワイン…90g
  - レモン汁…1/2個分
- ニンニク(イタリア産)…100g
- グラニュー糖…75g

つくり方
1. ニンニクは3回ゆでこぼす。
2. 鍋にグラニュー糖を入れ、中火にかけ飴カラメル色になってきたらニンニクAを加えて煮る。
3. ニンニクがやわらかくなったら木ベラで軽くつぶし、とろみが出るまで煮詰める。

保存方法・期間
冷蔵で約2週間保存可能。

オレンジをニンニクとともにコンポートに。使ったニンニクはイタリア産の香りはおだやかだが味は刺激的なもの。粗くつぶしたニンニクのほくほく感、カラメルの苦み、柑橘のさわやかな甘みが意外なほどに調和し、魚料理と好相性。

使いみち
このソースはナポリのレストランで教わりました。**カルピオーネ**(イタリアの南蛮漬け)の変わりソースなどに使われています。**タラやアンコウのフリット**に添えてもよいです。しっとりと仕上げた魚介と相性がよいので、**ホタテの貝柱**などに合わせるのに向いています。グレープフルーツなどオレンジ以外の柑橘を使ってもよいです。

(岡野裕太／イル テアトリーノ ダ サローネ)

リンゴソース

重層的な酸味と生リンゴのシャリシャリ感がポイント

材料
- リンゴ…500g
- 玉ネギ…200g
- ニンニク…10g
- A
  - ケイパー(酢漬け)…100g
  - ケイパーの漬け汁…50g
  - 赤ワインヴィネガー…100g
  - E.V.オリーブ油…150g
- 砂糖、塩…各適量

つくり方
1. リンゴは皮をむき心を取り除いてから、適宜に切り分ける。玉ネギとニンニクも同様に切り分ける。
2. ボウルに1とAを入れてハンドブレンダーで撹拌する。なめらかなペースト状にはせず、リンゴのシャリシャリとした食感が残る程度にとどめる。
3. 砂糖と塩で味を調える。

保存方法・期間
冷蔵で1ヵ月間保存可能。

リンゴ、ケイパー、赤ワインヴィネガー、それぞれの酸味が重なり、脂の多い素材をさっぱりと食べさせる。リンゴの食感を残し、ぼってりとした状態に仕上げるのがポイント。

使いみち 
「きずし」(右記)に合わせるソースとして考案したものです。脂の多い食材をさっぱりと食べさせる効果があるので、**豚肉のグリル**などに合わせてもいいでしょう。リンゴは紅玉が向いています。ものによって酸味の強さが異なるので、味をみて塩と砂糖で調整してください。

(横山英樹／(食)ましか)

リンゴのコンディマン

リンゴにスパイスの甘い香りをまとわせる

材料
- リンゴ…1個
- レモン汁…1/2個分
- バター…15g
- ブランデー…30ml
- 白コショウ…適量
- スパイス…各適量
  - シナモンパウダー
  - ナツメグパウダー
  - クローブパウダー
- ハチミツ…15ml
- 塩…適量

つくり方
1. リンゴは皮をむき、1cm角に切る。レモン汁をなじませて色止めする。
2. 鍋にバターを入れ、中火で溶かす。1を加えて炒め、ブランデーを加える。
3. 水気がなくなったら白コショウ、スパイス、ハチミツ、塩を加える。スパイスは、シナモンを1とするとナツメグは1/2、クローブは1/10くらいの香りの強さをイメージして加える。
4. 3を包丁で好みの大きさに叩く。

保存方法・期間
冷蔵で4〜5日間保存可能。

リンゴを小さな角切りにし、スパイスをきかせて煮たコンディマン。デザートにはもちろん、豚肉や内臓の料理にさっぱりとした風味や甘み、華やかな香りを添えるために使うのもよい。

使いみち 
ブーダンノワールなどの**内臓料理**や**豚肉料理**に添えています。**アイスクリーム**に添えてデザートにしてもよいでしょう。

(紺野 真／オルガン)

きずし リンゴソース添え
（横山英樹／(食)ましか）

きずしとは関西での呼び方で、関東ではしめ鯖という。塩と酢の加減は、どちらも突出することなくやわらかで、リンゴソースのさわやかな酸味と甘みがよく合う。

材料 10人分
サバ…1kg
塩…30g
米酢…300g
リンゴソース（左記）…800g
ベビーリーフ…適量

つくり方
1 サバは三枚におろし、皮をむく。両面に塩をふり、1時間程度おく。
2 1の水気を拭き、米酢に完全に浸る状態にして30分間おく。裏返し、さらに30分間浸ける。
3 2の水気を拭き、ラップフィルムで包んで冷蔵庫でねかせる。翌日が食べ頃。
4 3を食べやすい厚さに切り、器に並べる。サバにリンゴソースをのせ、ベビーリーフを飾る。

スーゴリ

ブドウの風味を凝縮させたクリーム

材料
ブドウ(巨峰またはピオーネ)…500g
薄力粉…30g
砂糖…30g
水…60ml

つくり方
1 ブドウと水を鍋に入れ、蓋をして弱火でブドウがくたくたになるまで煮る。
2 1を漉す。種がつぶれると苦くなるので、つぶさないように注意する。
3 ボウルに薄力粉と砂糖を入れて混ぜておく。そこに2を熱いうちに少しずつ加え、ダマができないようによく混ぜる。
4 3を鍋に入れ、焦げ付かないように混ぜながら約10〜15分間弱火で煮て、薄力粉に完全に火を通す。
5 4を冷蔵庫で数時間冷やす。

保存方法・期間
冷蔵で2〜3日間保存可能。

ブドウの甘みと酸味、そしてほのかな渋みをぎゅっと凝縮させたクリーム。
小麦粉を加えることで
ぼってりとしたとろみがつき、
懐かしいような素朴さが感じられる。

使いみち
このソースは、イタリアのエミリア・ロマーニャ州コディゴーロのリストランテ「カ・パンナ」で教わったものです。ワイン用ブドウの収穫時期に、余ったブドウを使ってつくるデザートクリームで、**ゾブリソローナ**(下記)というボロボロと砕けやすいビスコッティですくって食べます。泡立てた**生クリーム**を盛り合わせ、**サブレ**を添えて提供してもよいと思います。

(永島義国/サローネ2007)

ゾブリソローナのつくり方
1 ボウルにフランスパン用強力粉(200g)、細挽きポレンタ粉(200g)、皮付きのままローストして粗くきざんだアーモンド(200g)、グラニュー糖(150g)、塩(ひとつまみ)を入れて混ぜる。
2 小さく切って冷やしておいたバター(200g)を加え、指先ですり混ぜる。
3 パウンド型(幅9cm、長さ15cm、高さ5cm)にバター(分量外)を塗って生地を入れ、170℃のオーブンで25分間焼く。焼き上がったら熱いうちに型から出し、一口大に切り分ける。

ソース・キャラメル
濃厚な苦みと生クリームのコクが味の要

材料
グラニュー糖…80g
生クリーム（乳脂肪分38％）…80g

つくり方
1 鍋にグラニュー糖を入れて火にかけ、焦がす。好みの焦げ具合になったら火から下ろす。
2 すぐに生クリームを加え混ぜ、鍋底に水を当てて冷やす。

保存方法・期間
冷蔵で1週間保存可能。

グラニュー糖をしっかりと焦がして苦みを出し、生クリームでのばしたコクのあるキャラメルソース。

使いみち
デザート全般に用います。
バニラアイスとは特に相性がよいです。
リンゴ、バナナ、洋ナシなどの
果物を焼いたものにからめたり、
パイやケーキに回しかけたりしてもおいしいです。

（荒井 昇／レストラン オマージュ）

ソース・アングレーズ
ヴァニラの香りと卵の甘み

材料
卵黄…80g
牛乳…120g
バニラ・スティック…1/2本
グラニュー糖…50g

つくり方
1 ボウルに卵黄とグラニュー糖を入れ、泡立て器で白くなるまですり混ぜる。
2 牛乳にバニラ・スティックを入れて温める。
3 2の半量を1に加えて混ぜ、2の鍋に戻し入れる。混ぜながら加熱し、80℃になったら火から下ろし、ボウルに移して冷ます。

保存方法・期間
冷蔵で2日間保存可能。

卵と牛乳でつくるフランスのベーシックなデザートソース。ヴァニラの香りを濃厚にきかせ、卵の甘みを引き立てる。

使いみち
デザート全般に使えます。
そのまま使ってもよいですが、提供前にハンドブレンダーで攪拌してムース状にすると軽やかなソースになります。
また、アングレーズソースと牛乳を2：1の割合で混ぜ、**果物**をたくさん加えると**デザートスープ**ができます。

（荒井 昇／レストラン オマージュ）

カスタード・クリーム
焦がさないようこまめに火加減を調節する

薄力粉の半分をコーンスターチにして軽やかな口当たりとしたカスタード・クリーム。焦げやすいので、絶えず混ぜ、焦げそうになったら火からいったん下ろすなどこまめに調整することが重要。

材料
牛乳…200g
バニラ・スティック…½本
卵黄…40g
グラニュー糖…45g
薄力粉…10g
コーンスターチ…10g

保存方法・期間
冷蔵で2〜3日間保存可能。冷蔵保存すると固まるので、使うたびに泡立て器でかき混ぜてなめらかな状態にする。

使いみち
各種**デザート**に。このまま使ってもよいが、泡立てた生クリームと混ぜると、より軽やかなカスタードクリームになる。

（荒井 昇／レストラン オマージュ）

つくり方

1　ボウルに卵黄とグラニュー糖を入れる。

2　白っぽくなるまで泡立て器ですり混ぜる。

3　混ぜ終わった状態。

4　3に薄力粉とコーンスターチを加えて混ぜる。

5 混ぜ終わった状態。

6 牛乳にバニラ・スティックを入れて弱火で温める。

7 6の牛乳の半量を5のボウルに入れて混ぜる。

8 混ざったら、6の鍋に戻し入れる。

9 8の鍋を弱火にかけ、絶えず泡立て器で混ぜながら加熱する。焦げそうになったら、火から下ろしてしばらく置き、再び火にかける。

10 泡立て器を持ち上げるとリボン状に垂れる固さになったら火から下ろす。

11 ボウルに移し、表面をラップフィルムでぴったりと覆い、冷ます。

Part 1 果物&デザート

ティラミス用マスカルポーネクリーム

軽やかな仕上がりで、作業性も抜群

材料
卵黄…3個
マスカルポーネ…250g
砂糖…25g+75g
生クリーム(乳脂肪分42%)…200g
板ゼラチン*…4g
ブランデー…30ml
塩…少量

*板ゼラチンは夏場は氷水で、冬は水で戻しておく。

保存方法・期間
冷蔵で2日間保存可能だが、翌日になると風味が落ちるので、できるだけ当日中に使い切る。冷凍なら1ヶ月間保存可能。

口当たりは軽やかながら、卵のコクとマスカルポーネのクリーミーさが後を引く。卵にしっかりと火を入れるため、卵くささがなく、衛生面でも安心。

使いみち

主な使いみちは、やはり**ティラミス**(右記)です。日本では火を使わないつくり方をする店もありますが、私はイタリアで教わった通り、卵にしっかりと火を入れています。卵くささが抜けますし、殺菌にもなるからです。伝統的には卵黄、砂糖、マスカルポーネのみでつくりますが、このレシピでは生クリームを加えて軽やかさを出しています。そのため、**フルーツとともにクレープに包む**といった風に、ティラミス以外の**さまざまなデザート**にも使えます。また、泡立て器で混ぜてかたさを調整できるのも生クリームが入っているからこそ。さらに、ゼラチンを入れているため、状態が安定しやすく、冷凍しても劣化しにくいです。シリコン製のモールドなどに1人分ずつ絞り出して凍らせておくと便利で、使用時は冷蔵庫で解凍し、盛りつけます。

(永島義国／サローネ2007)

つくり方

1 ボウルに卵黄と砂糖25g、塩を入れて湯煎にかける。泡立て器ですり混ぜる。

2 写真のように白っぽくなり、72℃になったら湯煎から外す。戻しておいた板ゼラチンを加え混ぜる。

3 2が約50℃になったら、ブランデー30mlを加え混ぜる。

4 別のボウルにマスカルポーネを入れ、泡立て器で混ぜてやわらかくしておく。

ティラミス
（永島義国／サローネ2007）

クリームのおいしさを最大限に味わえるシンプルな仕立てのティラミス。きざんだチョコレートをかけたり、イチゴなどのフルーツをはさんでアレンジしてもよい。

つくり方　1人分

1. フィンガービスケット（1枚）を半分に折り、器に並べる。ビスケットはイタリアのビスコッティ・サヴォイ・アルデを使用。
2. 1にエスプレッソ（$\frac{1}{2}$杯）を注ぎ、ティラミス用マスカルポーネクリーム（左記、30g）をのせる。
3. ココアパウダーを茶漉しでふりかける。1〜2をさらにもう一度繰り返して重ねる。

5. 3が約40℃になったら、4のボウルに3を半量加えて混ぜる。
6. 混ざったら、残りの半量を加える。 
7. 生クリームに砂糖75gを加え、8〜9分立てにする。 
8. 7に6を2〜3回に分けて加え、その都度ゴムベラでさっくりと混ぜる。マスカルポーネがやわらかすぎる場合には泡立て器で混ぜると濃度がつく。

ソース・ショコラ（チョコレート・ソース）

濃厚さこそ、チョコレートの魅力

材料
- A
  - チョコレート…10g
  - 生クリーム（乳脂肪分38％）…15g
  - グラニュー糖…70g
  - 水…70g
- ココアパウダー…50g

つくり方
1. 鍋にAを入れて火にかける。
2. 沸騰したらココアパウダーを加え混ぜ、火から下ろす。

保存方法・期間
冷蔵で1週間保存可能。

チョコレートのおいしさをしっかりと楽しめる濃厚なソース。常温で使ってもよいが、温めてアイスクリームなどの冷菓にかけ、温度差を楽しませるのもよい。

使いみち
デザート全般に広く使えます。温めてアイスクリームにかけたり、パフェのソースにしたり、ケーキに添えたりするとよいと思います。
（荒井 昇／レストラン オマージュ）

Tout Chocolat （トゥー ショコラ）
（荒井 昇／レストラン オマージュ）

チョコレートソース、チョコレートのアイスクリーム、チョコレート入りの生クリーム、ブラウニーを盛り合わせた、チョコレートづくしのデザート。

材料
- ソース・ショコラ（上記）／1人分あたり 30ml
- チョコレートのアイスクリーム／40人分
  - チョコレート（きざむ）…450g
  - 卵黄…100g
  - グラニュー糖…280g
  - 牛乳…1L
  - バター（小さく切る）…60g
  - 生クリーム（乳脂肪分38％）…125g
- ブラウニー／20人分
  - ビターチョコレート（きざむ）…110g
  - バター（小さく切る）…156g
  - 全卵…3個
  - 粉糖…150g
  - ヘーゼルナッツ（きざむ）…140g
  - ココアパウダー…10g
  - 薄力粉…66g
- キャラメリアのシャンティイ／6人分
  - キャラメリア（ヴァローナ）*…36g
  - 生クリーム（乳脂肪分38％）…78g
- チョコレートのプレート／1人分あたり1枚
  - チョコレート…適量

*カラメリゼした牛乳を加えたミルクチョコレート。

つくり方
1. チョコレートのアイスクリームをつくる。
   ① ボウルに卵黄とグラニュー糖を入れ、全体が白っぽくなるまで泡立て器ですり混ぜる。
   ② 牛乳を鍋に入れて温め、①に少しずつ加えて混ぜる。
   ③ チョコレートを湯煎にかけて溶かし、②に混ぜる。
   ④ ③を②の鍋に戻し入れ、とろみがつくまで弱火で炊く。
   ⑤ ④を冷凍庫に一晩入れて凍らせ、サーモミックスにかける。なめらかになったら、バターと生クリームを加えて回し、混ぜる。
2. ブラウニーをつくる。

① ボウルにビターチョコレートとバターを入れ、湯煎にかけて溶かし、混ぜる。
② 別のボウルに全卵と粉糖を入れ、全体が白っぽくなるまで泡立て器ですり混ぜる。
③ ②のボウルに①の中身を加えて混ぜる。
④ ③にヘーゼルナッツ、ココアパウダー、薄力粉を加えてさっくりと混ぜる。
⑤ ④を型に流し入れ、180℃のオーブンで20〜25分間焼く。冷まして、3〜4cm角に切り分ける。
3 キャラメリアのシャンティをつくる。キャラメリアは湯煎にかけて溶かし、7分立てにした生クリームと混ぜる。
4 チョコレートのプレートをつくる。チョコレートは湯煎で溶かし、テンパリングする。プラスチックシートの上に直径10cmのセルクルを置き、テンパリングしたチョコレートを薄く流し、冷めたらパレットナイフでそっとはがす。
5 盛りつける。
① グラスの底にキャラメリアのシャンティを盛り、ブラウニーとチョコレートのアイスクリームをのせる。
② グラスにチョコレートのプレートをのせる。湯煎で温めたソース・ショコラを別の器に入れて添える。
③ 提供時、客前でソース・ショコラをチョコレートのプレートの上からかける。

サルサ・ディ・ビチェリン
チョコレート×コーヒー×ヘーゼルナッツ

材料
ジャンドゥーヤ*…100g
エスプレッソ…40g
生クリーム（乳脂肪分38%）…45g

＊ナッツのペーストを混ぜ込んだチョコレート。ヘーゼルナッツペースト入りのものを使用。

つくり方
1. ジャンドゥーヤを湯煎にかけて溶かし、エスプレッソ、生クリームを加え混ぜる。

保存方法・期間
冷蔵で1週間、冷凍で4週間保存可能。

ビチェリンは、エスプレッソとヘーゼルナッツクリーム入りのホットチョコレート。北イタリアのピエモンテ州トリノの名物ドリンクだ。このビチェリンをデザートソースに。

使いみち
イタリアでは、リキュールをしみ込ませた**トルタ**（ケーキ）に**アングレーズソース**とともに添えるといった使い方をします。また、**バニラのジェラート**に熱々のエスプレッソをかける**アフォガード**のように、**アイスクリーム**にかけてもよいです。

（湯浅一生／ビオディナミコ）

簡単！練乳ソース
甘さを調整できる手作り練乳

材料
生クリーム（乳脂肪分42%）…1L
砂糖…200g

つくり方
1. キッチンポットに生クリームと砂糖を入れ、湯煎にかけて砂糖を溶かす。
2. ハンドブレンダーで撹拌し、なめらかにする。
3. 冷蔵庫で冷やす。

保存方法・期間
冷蔵で1週間保存可能。

生クリームと砂糖だけでつくる、簡単な練乳ソース。砂糖の分量は生クリームに対して20％を基本として、好みで調整する。余分な素材が入らないすっきりとした味わいが魅力だ。

使いみち
デザートソースとして、いろいろなものに合います。**キャラメル**の代わりに**プリン**にかけるとやさしい味わいに。**イチゴ**にかける場合は、砂糖を倍量にするとちょうどいいでしょう。甘さと濃度は砂糖の量を増減して調整してください。

（横山英樹／(食)ましか）

緑豆ココナッツソース／緑豆ソース

やさしい味わいの緑豆あんのソース

材料

緑豆あん…下記より75g
> 緑豆（皮なし）…250g
> グラニュー糖…200g
> 水…400ml
> 塩…ひとつまみ

ココナッツミルク／湯…50ml

つくり方

1 緑豆あんをつくる。
① 緑豆は水で洗い、2～3時間浸水させる。
② ①の緑豆の水を切り、分量の水とともに鍋に入れて火にかけ、沸騰したらアクを取りながら煮る。
③ 緑豆がやわらかくなったら、グラニュー糖と塩を加えて木ベラで練りながら熱し、水分を飛ばす。
④ 濃度がついてどろっとしてきたら、バットなどに取り出して冷ます。

2 緑豆あんにココナッツミルクまたは湯を加え混ぜる。ココナッツミルクを加えれば緑豆ココナッツソースに、湯を加えれば緑豆ソースになる。

保存方法・期間

冷蔵で2～3日間保存可能（緑豆あんは冷凍で2週間保存可能）。

緑豆ココナッツソース

緑豆ソース

緑豆を甘く煮てあんこにし、
ココナッツミルクまたは湯で割って
ソースに。緑豆あんのやさしい味わいを
ストレートに楽しむなら湯を、
コクを足したいのであれば
ココナッツミルクを加えるとよい。

使いみち

どちらのソースも**アイスクリーム**にかけたり、
豆腐の**冷たいチェー**（絹ごし豆腐にクラッシュアイスをのせて甘いソースをかけるベトナムのスイーツ）に使ったりします。
また、**タピオカ**や**バナナ**を加えて熱し、
温かいチェー（ベトナムのぜんざい）としてもよいです。
緑豆あんは、小豆あんと同じように使えます。**白玉団子**の中身にしてココナッツミルクをかけたり、
おはぎをつくったりするとよいです。
そのやさしい味わいがマッシュしたサツマイモに似ているので、サツマイモを使うお菓子に代わりに用いてもよいと思います。

（足立由美子／マイマイ）

Part **果物＆デザート**

ココナッツミルクソース

とろりとして、トロピカルな味わい

材料
- ココナッツミルク…400ml
- A グラニュー糖…50g
- 塩…ひとつまみ
- 水…200ml
- 水溶き片栗粉（以下を混ぜる）
  - 片栗粉…大さじ1
  - 水…大さじ1

つくり方
1. 鍋に**A**を入れて火にかける。
2. グラニュー糖が溶け、沸騰したら火を弱める。水溶き片栗粉を加え混ぜ、ひと煮立ちさせる。

保存方法・期間
冷蔵で2〜3日間保存可能。

ココナッツミルクに甘みを加えたデザートソース。水溶き片栗粉でとろみをつけ、使いやすい濃度に調整している。

使いみち

アイスクリームにかけ、粗くくだいた**ピーナッツ**をふればアジアン・テイストのデザートになります。**パフェ**のソースとしてもよいです。ベトナムでは**冷たいチェー**（粗くくだいた氷、果物、ゼリー、あんこなどを重ねたベトナムのカキ氷）のソースにしたり、**バナナ**や**さつまいも**を加えて軽く煮て、**温かいチェー**（ベトナムのぜんざい）にしたりします。

（足立由美子／マイマイ）

ショウガシロップ

ショウガを煮出してつくるシロップ

材料
- ショウガ（薄切り）…45g
- 三温糖…80g
- 水…500ml

つくり方
1. 鍋に材料をすべて入れ、火にかける。沸騰したら弱火にして、約20分間くつくつと煮る。

保存方法・期間
冷蔵で4〜5日間保存可能。

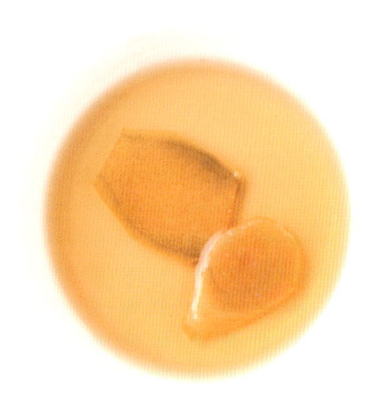

ショウガをじっくりと煮出してつくるシンプルなシロップ。ショウガの他には砂糖しか使わず、ショウガそのものの味を引き出す。

使いみち

炭酸水で割れば自家製の**ジンジャーエール**になります。ベトナムでは、**豆腐のチェー**（絹ごし豆腐を温めてシロップをかけるデザート）、緑豆あんを包んだ**白玉団子**にかけたりします。

（足立由美子／マイマイ）

冷たいチェー
(足立由美子／マイマイ)

チェーはいわばベトナムのぜんざいで、
具材は店によっていろいろ。
これは、氷、ゼリー、甘く煮た豆、
あんこなどをグラスに盛って
ココナッツのソースをかけた冷たいチェー。

材料 1人分

ココナッツミルクソース(左記)…40g
仙草ゼリー(市販、缶詰)…40g
ガムシロップ(市販)…適量
ゆで小豆(加糖、市販)…35g
緑豆あん(p.185)…20g
黒豆甘煮(市販)…5粒
白花豆甘煮(市販)…2粒
クラッシュアイス*…適量
ローストココナッツ…適量
ピーナッツ(粗くくだく)…適量

＊アイスクラッシャーなどで砕いたもの。

つくり方

1 仙草ゼリーは2cm角に切る。ガムシロップに約2時間浸して甘みをつける。

2 グラスにゆで小豆、緑豆あん、黒豆甘煮、白花豆甘煮、1の仙草ゼリーを順に入れ、ココナッツミルクソースをかける。クラッシュアイスをのせ、ローストココナッツとピーナッツをふる。

パイナップルとココナッツのエスプーマ
夏を感じる泡仕立てのデザートソース

材料
パイナップルジュース…200g
ココナッツピューレ…175g
ライム汁…25g
エスプーマコールド*…35g

*エスプーマ用サイフォンを使って液体やピュレを泡状にする際に加える粉末増粘材。

つくり方
1 ボウルに材料をすべて入れ、ハンドブレンダーで攪拌して混ぜる。
2 1をエスプーマ用サイフォンに詰める。
3 提供の直前にサイフォンをよく振り、逆さにしてハンドルを引き、泡状のソースを出す。

保存方法・期間
使うたびにつくり、なるべく早く使い切る。ランチ営業用につくったら営業中に使い切り、ディナーには持ち越さない。ディナー営業用につくった分は、その日のうちに使い切る。

発想はピナコラーダから。
パイナップルジュースとココナッツミルクに
ラム酒を加えたカリブ生まれの
このカクテルをデザートソースに。
しゅわっとした口溶けの
エスプーマ仕立てにして、
夏らしさを強調する。

使いみち
夏のデザート、「**パイナップルとココナッツのデセール ピニャコラーダ**」（下記）のためのソースです。ピナコラーダの構成要素である**パイナップル**と**ココナッツ**をそれぞれ菓子にして盛り合わせ、そこにこの泡のソースをかけるという使い方をしています。今回は**パイナップルのコンポート**、**ココナッツのソルベ**、**パイナップルのグラニテ**を盛り合わせましたが、**ブランマンジェ**や**ジュレ**など、いろいろな形に加工して組み合わせればさまざまなバリエーションがつくれると思います。

（荒井 昇／レストラン オマージュ）

パイナップルとココナッツのデセール ピニャコラーダ
（荒井 昇／レストラン オマージュ）

パイナップルジュースとココナッツミルクをベースとしたカクテル、ピニャコラーダを再構築してデザートに。仕上げにふったライムリーフパウダーの香りがいやがおうでも夏らしさを盛り上げる。

材料
ココナッツとパイナップルのエスプーマ
　（上記）…適量
パイナップルのコンポート／60人分
　ゴールデンパイナップル…1個
　サフラン…2つまみ
　グラニュー糖…120g
　水…500g
　カルダモン…3粒
パイナップルのグラニテ…適量
　パイナップルジュース…適量
ココナッツのソルベ／60人分
　ココナッツピューレ…700g
　水飴…50g
　グラニュー糖…50g
　水…100g
ライムリーフのパウダー／20人分
　ライムリーフオイル
　　ライムリーフ（バイマックルー）…1枚
　　米油…60ml
　マルトセック（ソーサ社製）*…30g

*タピオカを原料とする粉末。油脂を吸収する性質があり、オイルなどを粉末状にしたいときに混ぜて使う。

つくり方
1 パイナップルのコンポートをつくる。
① ゴールデンパイナップルは葉、皮、芯を取り除き、果肉を1cm角に切る。
② 鍋にサフラン、グラニュー糖、水を入れて火にかける。沸騰したらカルダモンを加えて火から下ろし、①を加えて一晩漬ける。
2 パイナップルのグラニテをつくる。パイナップルジュースを凍らせる。提供時にスプーンで削り取って盛りつける。

3 ココナッツのソルベをつくる。
① 鍋に水飴、グラニュー糖、水を入れて火にかけ、沸かして冷ます。
② ①にココナッツピューレを混ぜ、パコジェット専用ビーカーに入れて凍らせる。
③ ②をパコジェットにかけて粉砕し、なめらかなソルベにする。

4 ライムリーフのパウダーをつくる。
① ライムリーフを米油に入れて半日以上おき、ライムリーフオイルをつくる。
② ライムリーフオイルにマルトセックを混ぜる。

5 盛りつける。グラスにパイナップルのコンポート、パイナップルのグラニテ、ココナッツのソルベを順に盛る。ココナッツとパイナップルのエスプーマをエスプーマ用サイフォンに充填し、ソルベの上に泡状に絞り出す。ライムリーフのパウダーを泡にのせる。

料理人・取材店紹介

足立由美子 あだち ゆみこ

　大学卒業後、会社員を経て、スペインに留学。帰国後、スペイン・中南米の食文化研究をしていた頃に「ベトナム料理は面白い」と聞き、料理研究のためベトナムへ初渡航。その食文化の独自性と多様さに圧倒され、頻繁に訪れるように。1998年には、江古田にベトナム雑貨店「マイマイ」をオープンし、ベトナムのキッチュでかわいい日用雑貨や調理器具を販売。2001年には店の片隅に小さなカフェスペースを設け、バインミーなどを出しはじめる。05年、ベトナム屋台料理店に業態を変更し、つまみや定食などを提供し、現地の雰囲気を伝える内装と味わいで、多くのベトナム料理ファンを生む。13年には近隣に姉妹店「エコダ ヘム」を開店。
※2024年7月に閉店。

　ベトナム料理のなかでも、バインミー（サンドイッチ）と酒のつまみについては特に造詣が深く、著書に『はじめてのベトナム料理』（柴田書店・共著）『バインミー』（文化出版局）などがある。本書では、ベトナムのタレをはじめ、それらのアレンジや、現地の伝統や流行に着想を得たものをご紹介いただいた。

マイマイ
東京都練馬区旭丘1-76-2
03-5982-5287

荒井 昇 あらい のぼる

　調理師学校を卒業後、フランス料理店を経て24歳で渡仏。「オーベルジュ・ド・ラ・フニエール」（プロヴァンス）、レジス・マルコン氏率いる「ル・クロ・デ・シーム」（ローヌ・アルプ）などで約1年間修業を積む。2000年、生まれ育った地元浅草でフランス料理店「レストラン オマージュ」を開業し、09年には近隣に移転。ランチは3,600～10,000円、ディナーは10,000～15,000円のコースを展開する（すべて税・サービス料別）。
　モダンな盛りつけや洗練された味わいながら、その底流にはクラシカルなフランス料理への敬意が感じられる。それでいて、遊び心と新発想で驚きを与えることも忘れない。ソースは主素材を引き立て、ひと皿のバランスやコース全体の流れを調整する補佐役と考える。香りの使い方や酸味のきかせ方、懐かしさや野暮ったさを使いようでいかにアクセントとしうるかについては常に意識している。こうした哲学にもとづいたソースの他、フランス料理のベーシックなソースをお教えいただいた。

レストラン オマージュ
東京都台東区浅草4-10-5
03-3874-1552

永島義国 えいじま よしくに

　調理師学校卒業後、イタリア料理店数店を経て、2003年「リストランテカルミネ」シェフに就任。05年、渡伊。5年間の滞在中、ロンバルディア州、ヴェネト州、フリウリ＝ヴェネツィア・ジュリア州、リグーリア州、エミリア・ロマーニャ州、トスカーナ州、シチリア州の星付きレストランなど計8店で修業。帰国後、数店を経て15年5月「SALONE2007」のシェフに就任。同店は月替わり10皿のおまかせコースのみを展開（昼5,000円、夜12,000円。税・サービス料別）。ストーリー性のある構成を常に心がけるとともに、イタリアで味わった驚きを日々、皿に込める。

　数ある修業先の中でも、驚愕したのがフリウリ～の郷土料理と、シチリアの修業先「マディア」（二つ星）の料理。フリウリ～では、イタリア料理への固定観念を覆され、シチリアでは、素材の持ち味を研ぎすました表現に衝撃を受けた。本書ではトマトソースなどのベーシックなソースに加え、それら南北2地域で知った珍しいソースをご紹介くださった。

サローネグループ
サローネ2007
神奈川県横浜市中区山下町36-1
バーニーズ　ニューヨーク横浜店B1F
045-651-0113

※永島シェフは、2018年より「SALONE TOKYO」（東京・日比谷）シェフ。

岡野裕太　おかの ゆうた

　高校卒業後、イタリア料理店2店に3年間半勤務し、2009年に渡伊。ビエモンテ州、プーリア州、ロンバルディア州、アルト・アディジェ州、マルケ州などで修業。なかでも4年弱の滞在の半分近くを過ごしたカンパーニャ州ノポリのレストラン「タヴェルナ・エスティア」の一見シンプルでいて素材の味わいを強く深く引き出す料理には最も大きな影響を受けた。

　13年6月に帰国し、大阪「クイントカント」のスーシェフを経て、15年5月、28歳という若さで「イル テアトリーノ ダ サローネ」のシェフに就任。同店は昼は8,500円、夜は12,000円（ともに税・サービス料別）

※岡野シェフは2017年に退社。

の全12皿からなるおまかせコースのみを展開し、メニューは月替わり。イタリアで体感した料理の伝統とクチーナ・クレアティーヴァ（創作的料理の意。イタリアの伝統料理や郷土料理がベース）の精神に照らして、毎月新しいコースを組み上げる。本書ではベーシックなソースに加え、港町ナポリで学んだソースを中心にご紹介いただいた。

サローネグループ
イル テアトリーノ ダ サローネ
東京都港区南青山7-11-5
HOUSE7115 B1F
03-3400-5077

紺野 真　こんの まこと

　1969年東京生まれ。87年に渡米し、大学に通いながらロックスターを夢見るも挫折。飲食店で働くうちに、店を持ちたいと思うようになる。97年に帰国し、カフェ「ヴァジー」（原宿）、ビストロ「オー・ランデ・ヴー」（世田谷）で働いた後、2005年三軒茶屋に「ウグイス」を開店。駅から徒歩20分以上という不便な立地、ジャンクアンティークをセンスよく配置した店内、品揃え豊富なヴァン・ナチュールとそれに合う料理、といったいままでにない店のスタイルが評判になり、予約の取れない繁盛店となる。

　11年、2号店「オルガン」を西荻窪に

オープン。開店直後よりウグイス同様に予約困難な繁盛店に。オルガンでは紺野氏が独学で習得したフランス料理の技術や理論を踏まえ、パテ・アンクルートといった伝統的な皿の他、和やアジアの調味料を自由な発想で取り入れた料理も提供する。本書では、店で出しているソースやピュレ、コンディマンをご紹介いただいた。

オルガン
東京都杉並区西荻南2-19-1
03-5941-5388

中村浩司　なかむら ひろし

　大学卒業後、会社員となるも、料理人になるという昔からの夢をあきらめきれず、2年で退職。百貨店のレストランやフランス料理店、ワインバーの厨房などを経て、2006年に株式会社HUGEに入社。同社の経営する「レストラン ダズル」（銀座）に勤務した後、09年スパニッシュイタリアン業態「リゴレット」中目黒店の開店時にシェフに就任。その後、メキシコ料理業態の立ち上げに携わる。現在はメキシコ料理業態の旗艦店である「アシエンダ デル シエロ」（代官山）を含む、全業態の総料理長を務める。

　メキシコ料理業態で提供する料理は、風土や文化の違うメキシコという国の料理の

おいしさのエッセンスを日本人の感覚にフィットするようアレンジし、提案する。メキシコ料理のソースにはサルサとモレというふたつのカテゴリーがあり、モレはソースそのものが主役で、ソースを食べさせるために料理をつくるという感覚だという。今回は、さまざまな料理にフレキシブルに合わせることができるサルサのバリエーションをお教えいただいた。

アシエンダ デル シエロ
東京都渋谷区猿楽町10-1
マンサード代官山 9F
03-5457-1521

中山幸三 なかやま こうぞう

　予約のとれない人気店「賛否両論」の立ち上げから6年間、笠原将弘氏のもとで日本料理の修業を積んで2009年12月に独立した。気軽に本格的な日本料理を楽しんでもらう「大人のための居酒屋」が「幸せ三昧」のコンセプト。広尾、恵比寿、渋谷とどこの駅からも歩いて15分という悪条件の場所にもかかわらず、手軽な価格でお値打ち度が高いコース料理（2015年8月現在5000円）が好評で連日満席の人気店となった。

　コース料理は緩急をつけて組み、お客さまを飽きさせないようにしなければならないので、メリハリをつけることができるタレやソースは欠かせない。夏は食欲を増進する酸味をきかせたり薬味を使ったりし、冬にはコクのあるものを用意する。また、タレやソースには淡白な素材には淡い味を合わせて素材を引き立てるという役目がある一方で、脂がのっていなかったり、旨みが不足しているような場合、素材に足りないものを補うという役割も担うと考える。

幸せ三昧
東京都渋谷区東4-8-1
03-3797-6556

西岡英俊 にしおか ひでとし

　上海料理の名店「シェフス」にてオーナーの故・王 恵仁氏に師事する。10年間勤務した後、イタリア、スペインなどで働き、2009年8月、新宿三丁目に「チャイニーズタパス レンゲ」をオープン。メニューはチャイニーズタパスと銘打った前菜をはじめ約50品を揃え、各国料理のエッセンスを取り入れた独自の世界を展開した。

　2015年6月、銀座に移転。中国料理の枠にとらわれず、より自由に自身の料理を表現したいという思いから店名を「レンゲ エクリオシティ」に変更。エクリオシティとは、方程式、好奇心、探究という3つの英単語から西岡シェフ自身が考案した造語。メニューは約15種の料理で構成されたおまかせコース（1万5000円〜）ひとつに。いかにして雑味のない旨みを引き出すかを常に意識して生み出される料理のファンは多い。本書ではその哲学にもとづいて考え出された自家製調味料やソースをご紹介いただいた。素材のエッセンスのみをクリアに引き出すための発想や工夫は必見。

レンゲ エキュリオシティ
東京都中央区銀座7-4-5
GINZA745ビル9F
03-6228-5551

湯浅一生 ゆあさ いっせい

　調理学校在学中のイタリア旅行でトスカーナ料理のおいしさに驚き、この料理を学びたいと強く思う。卒業後、イタリア料理店数店に計5年間勤務。2011年、26歳で渡伊。念願のトスカーナ州フィレンツェの料理学校で一年間トスカーナ料理をみっちりと学ぶ。その後、同州「マンジャンド・マンジャンド」で10ヶ月間修業。ソフリットひとつとっても料理によって異なるつくり方をし、料理ごとに焼き方や使う部位が厳密に決まっているなど、日本では経験できないトスカーナ料理の真髄を吸収する。その後、パスタ料理を学ぶためにエミリア・ロマーニャ州に移り、12年帰国。

　「サローネ2007」「イル テアトリーノ ダ サローネ」のスーシェフを経て、15年6月「ビオディナミコ」シェフに就任。同店は昼は7皿3,800円、夜は9皿9,500円のおまかせコース（どちらも税別）を月替わりで提供。本書では、トスカーナで学んだソースを中心にご紹介いただいた。

サローネグループ
ビオディナミコ
東京都渋谷区神南1-19-14
クリスタルポイントビル3F
03-3462-6277

横山英樹 よこやま ひでき

　調理師学校を卒業後、大阪・茨木「トラットリア・ルナピエナ」、心斎橋「コロッセオ」を経て、「ポンテベッキオ」系列店で3年間働く。のち、京都「バッサーノ・デル・クラッパ」(現在は閉店)に入店し、淀屋橋「オッティミスタ」ではシェフを3年半務める。2011年、ソムリエ資格を持つ今尾真佐一氏と共に(食)ましかをオープンし、シェフとなる。

　店舗は、たばこ屋を改装したもので、外観はたばこ屋そのもの(実際にたばこも販売する)。ランチタイムは、手作りサンドイッチほか、カレー(800円〜)を1種から3種盛りで提供している。ディナータイムは、バラエティ豊かな料理とヴァン・ナチュールを自由なスタイルで楽しめるのが特徴。イタリア料理店で長年培った技術を生かし、本格的なパスタや肉料理を作る一方、きずしやチキン南蛮など、和食のメニューも揃える。型にはまらない発想も持ち味で、既成概念にとらわれずにさまざまな食材や調味料を自らの料理に取り入れる。今回は、そうした柔軟な姿勢から繰り出されるソースを教えていただいた。

(食)ましか
大阪府大阪市西区江戸堀1-19-15
06-6443-0148

米山 有 よねやま たもつ

　テレビの構成作家を経て料理人に。最初の修業店は下北沢にあったダイニングレストランで、調理しながら接客するカウンターキッチンという営業形態の面白さに魅せられる。その後、フランス料理店などでの修業を経て、2009年、神泉にダイニングバー「ぽつらぽつら」を開店。12席のカウンターキッチンを主体とし、テーブル6席を備える。料理は酒肴、野菜料理、魚料理、肉料理、ご飯ものを常時約40品ほど揃え、コース料理は3500円から。厳選した日本酒約20種に加え、日本ワインを約160種と常時豊富に揃える。料理は、酒肴にゴルゴンゾーラのムースがあるかと思えば、刺身もあり、豚肉と野菜のローストのソースはバルサミコ酢と金山寺味噌仕立て、と米山氏の修業歴の幅広さを思わせる。今回は、店で提供している酒肴のディップ、揚げものや肉料理のソースなどに加え、「空豆と明太子のディップ」「ドライトマトと塩昆布、生ハムのオイルソース」など、創意に満ちたソース＆ディップをご提案いただいた。

ぽつらぽつら
東京都渋谷区円山町22-11
堺内ビル1F
03-5456-4512

料理人・取材店紹介　193

補足レシピ（掲載順）

野菜のテリーヌ （米山 有／ぽつらぽつら）

料理写真→p.13

材料（長さ28cmのテリーヌ型1本分）
キャベツ…5～8枚
ブロッコリー…1/3株
カリフラワー…1/3株
シイタケ…8枚
ヤングコーン…8本
オクラ…8本
インゲン…10本
モロッコインゲン…6本
緑・黄ズッキーニ…各1本
赤・黄パプリカ…各1/2個
トマトのジュレ液
　トマトのジュ*1…630ml
　アガー*2…45g
　白ワインヴィネガー…10ml
　塩…適量

*1 トマトのジュのつくり方：トマト（24個）のヘタを除き、ミキサーにかけてジュース状にする。キッチンペーパーを敷いたザルをボウルの上に重ね、そこにジュース状にしたトマトを流し入れる。冷蔵庫に6時間おいてじっくりと漉す。できあがりは澄んだ状態になる。

*2 カラギーナン（海藻類から抽出する成分）を主原料とした凝固剤。

つくり方

1. 野菜の下ごしらえをする。キャベツは芯をそぐ。ブロッコリーとカリフラワーは小房に分ける。シイタケは軸を除く。ヤングコーンとオクラは両端を切り落とす。インゲンとモロッコインゲンは長さ3～4cmに切る。緑・黄ズッキーニは長さ3～4cmに切り、縦四つ割りにする。赤・黄パプリカは厚さ2cmの輪切りにして、半分に切る。これらをすべてかために蒸す。

2. テリーヌ型にゆでたキャベツを敷き、適宜重ねて型の内側を完全に覆い、最後に蓋となる分が型の四方にはみ出るようにする。

3. 2の型にキャベツ以外の野菜を詰める。野菜は同じ種類のものが縦一列に並ぶよう隙間なく詰め、どこを切り出しても一切れにすべての野菜が入るようにする。

4. トマトのジュレ液をつくる。トマトのジュを沸く寸前まで温め、アガーを加えて溶かす。白ワインヴィネガーを加え、塩で味を調える。

5. 3の型に4のトマトのジュレ液を熱いうちに型の縁まで注ぎ、2ではみ出させたキャベツで覆って蓋をする。型に氷水を当ててジュレ液を固め、冷蔵庫で冷やす。

パプリカと夏野菜のサラダ ソース・アンショワイヤード （荒井 昇／レストラン オマージュ）

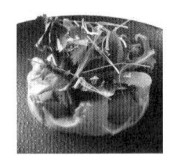

料理写真→p.16

材料 4人分
赤パプリカ…1個
黄パプリカ…1個
オレンジパプリカ…1個
ソース・アンショワイヤード（p.16）…80g
インゲン（細いもの）…4本
ブロッコリー（小房に分けたもの）…4つ
ミニオクラ…4本
トレヴィス…適量
トウモロコシ…適量
葉野菜とハーブ…各適量
　水菜
　ベビーリーフ
　ツルムラサキ
　シブレット
　セルフイユ
　オクサリス
ニンニク（つぶす）…1片
タイム…1枝
E.V.オリーブ油、揚げ油…各適量

つくり方

1. パプリカ3種は、丸のまま180℃の揚げ油で5分間素揚げする。バットに入れてラップで覆い、余熱で皮をふやかす。

2. 1のパプリカの皮をむく。果肉を縦四つ割りにし、種は取り除く。バットに入れ、ニンニクとタイムをのせ、E.V.オリーブ油をひたひたに注いで半日以上マリネする。

3. インゲン、ブロッコリーはさっとゆでて、食べやすい大きさに切る。ミニオクラはガクの付け根の固い部分のみをむき、さっとゆでて縦半分に切る。トレヴィスは一口大に切る。トウモロコシはゆで、芯に沿って下から包丁を入れて粒を外す。

4. 2のパプリカは1切れを縦3等分に細長く切る。皿に直径10cmのセルクルを置き、底にソース・アンショワイヤードを敷く。パプリカは各3切れをくるりと丸めてセルクルの中に立てる。3をのせ、セルクルを抜く。葉野菜とハーブをあしらう。

マナガツオのポワレ ソース・アンショワイヤード （荒井 昇／レストラン オマージュ）

料理写真→p.17

材料 1人分
マナガツオ…60g
ソース・アンショワイヤード(p.16)
　…適量
ズッキーニ(厚さ1cmの輪切り)…2枚
自家製セミドライトマト*…2切れ
ベビーリーフ(レッドオゼイユ)…適量
E.V.オリーブ油、塩、コショウ…各適量

*自家製セミドライトマトのつくり方：トマトは皮を湯むきし、縦四つ割にして種を取り除く。天板に置き、1切れにつきフレークソルト1粒、タイムの葉1枚、ニンニクスライス1枚をのせ、80℃のオーブンで2時間加熱する。

つくり方
1 マナガツオは焼く直前に身側にだけ、塩、コショウを軽くふる。
2 フライパンにE.V.オリーブ油をひいて熱し、1を皮目を下にして焼く。中火で7割ほど火を通し、火を止めてマナガツオを裏返し、弱火にして身側から2割ほど火を入れる。火から下ろし、余熱で火を入れる。
3 ズッキーニは直火で網焼きする。
4 皿に3を敷き、自家製セミドライトマトと2をのせる。ベビーリーフをあしらい、ソース・アンショワイヤードを添える。

ボッリートミスト （湯浅一生／ビオディナミコ）

料理写真→p.64

材料
牛タン…1kg
鶏手羽先…1kg
豚バラ肉(かたまり)…1kg
玉ネギ(半分に切る)…3個
ニンジン(縦半割り)…2本
セロリ(半分に折る)…4本
水…10L
岩塩…100g
塩、黒粒コショウ…適量

つくり方
1 牛タンは流水でぬめりを洗う。
2 鍋に材料をすべて入れて強火にかける。沸く寸前にアクをすくい、弱火にして煮る。
3 火の通ったものから取り出す。ゆであがり時間の目安は、鶏手羽先は約30分間、豚バラ肉は約2時間以上、牛タンは約2〜3時間。牛タンはゆで上がったら皮をむく。

鶏胸肉のスモーク 赤ピーマンのジュレ （紺野 真／オルガン）

料理写真→p.111

材料 4人分
鶏ムネ肉…1枚
スモークチップ(サクラ)…適量
赤ピーマンのピュレ(p.110)…100ml
板ゼラチン…赤ピーマンのピュレの重量の6%
赤ピーマンのマリネ…下記分量より適量
　赤ピーマン…2個
　コリアンダー(ホール)…3粒
　ライム汁…1/8個分
　ディルの葉(きざむ)…1枝分
　白ワインヴィネガー…5ml
　E.V.オリーブ油…5ml
ソース・ピストゥ*…適量
塩　適量

*ソース・ピストゥのつくり方：バジル(50g)とイタリアンパセリ(25g)は茎を取り除き、ニンニク(1片)、パルミジャーノ・レッジャーノのすりおろし(大さじ1.5)、塩(適量)とともにミキサーに入れて回し、なめらかなペースト状にする。

つくり方
1 鶏ムネ肉のスモークをつくる。
① 鶏ムネ肉は皮を取り除き、塩をふる。
② 鍋の底にスモークチップを入れ、鍋の口径よりも大きい網をのせて強火にかける。
③ 煙が出てきたら、水気を拭いた①を網にのせ、ボウルを逆さまにかぶせて蓋にする。
④ 煙がボウルの中に充満したら火から下ろす。鍋が冷めたら鶏ムネ肉を取り出し、130℃のオーブンで10分間ほど加熱する。冷蔵庫で冷やしておく。
2 鍋に赤ピーマンのピュレを入れて火にかけ、水でふやかしておいた板ゼラチンを加えて溶かす。1を網の上にのせ、その表面に回しかけ、冷蔵庫にひと晩おく。
3 赤ピーマンのマリネをつくる。
① 赤ピーマンは生のまま皮をむいてせん切りにし、塩をふってしんなりさせる。
② コリアンダーは粗くつぶし、ライム汁、ディルの葉、白ワインヴィネガー、E.V.オリーブ油とともに①に加える。塩で味を調える。
4 皿にソース・ピストゥを流し、2を厚さ1cmにそいで盛る。赤ピーマンのマリネを添える。

豚肉のバロティーヌ 赤ピーマンのピュレ添え （紺野 真／オルガン）

料理写真 p.111

材料

豚肉のバロティーヌ／10人分
- 豚バラかたまり肉（皮付き）…2kg
  - 全卵…1個
  - パン粉…10g
  - **A** パプリカパウダー…大さじ2
  - イタリアンパセリの葉（みじん切り）…約20枚分
- クールブイヨン*1…適量

赤ピーマンのピュレ（p.110）…適量

ペピラード／仕込み量
- グレスドワ（ガチョウの脂）…30g
- ニンニク（粗みじん切り）…2片分
- 生ハム（みじん切り）…2枚分
- 赤ピーマン…10〜13個
  - **B** 鴨コンフィのジュレ*2…60ml
  - パプリカパウダー…小さじ2
  - ピマン・デスペレット*3…小さじ1
  - タイム…3〜4枝

小ジャガイモのソテー／仕込み量
- 小ジャガイモ…4個
  - **C** エシャロット（みじん切り）…小さじ1
  - ニンニク（みじん切り）…小さじ½
  - イタリアンパセリ…½枝
- オリーブ油…各適量

ポーチドエッグ／1人分
- 全卵…1個
- 米酢…適量

クレソン…適量
塩、コショウ…各適量

---

*1 香味野菜（ニンニク、玉ネギ、ニンジン、セロリ、ローリエ、タイムやパセリの軸）を加えて沸かした湯。
*2 鴨のコンフィの煮汁を冷やすと底に固まるジュレ状のもの。
*3 フランス・バスク地方エスペレット村産赤トウガラシのパウダー。

つくり方

1 豚肉のバロティーヌを仕込む。
① 豚バラかたまり肉にまんべんなく塩をふり、冷蔵庫内に吊るして7日間風干しする。
② 皮から厚さ1〜1.5cmのところで切り分け、皮側は取り置く。身側は⅓量を包丁で粗くきざみ、残りはミンサーで中挽きにする。
③ ファルスをつくる。②できざんだ肉と挽いた肉を合わせ、**A** と塩、コショウを加えてよく練り混ぜる。
④ ②で取り置いた肉でファルスを巻く。まな板に肉を皮を下にして置き、肉の上にファルスを少しずつ叩き付けて空気を抜きながらのせる。肉でファルスを巻いてさらしで包み、タコ糸でしばる。
⑤ クールブイヨンを沸かし、なめてみておいしいくらいの塩を加え、④を入れる。約90℃を保ったまま3時間加熱する。
⑥ 火から下ろし、煮汁に浸けたまま冷まし、保存する。

2 ピペラードをつくる。
① 鍋にグレスドワを温め、ニンニク、生ハムを弱火で炒める。
② ニンニクの香りが立ってきたら、種を抜いてざく切りにした赤ピーマンを加えて炒める。
③ ②に **B**、塩、コショウを加え、蓋をして弱火で蒸し焼きにする。水分が出てきたら蓋を外し、煮汁を赤ピーマンにからめながら、汁気がなくなるまで煮詰める。

3 小じゃがいものソテーをつくる
① 小ジャガイモはかために下ゆでし、一口大に切る。
② フライパンにオリーブ油を温め、①をソテーする。**C** を加え、塩で味を調える。

4 豚肉のバロティーヌを厚さ2.5cmに切り出し、220〜230℃のオーブンで15分間加熱する。オーブンから出し、温めたフライパンで表面をこんがりと焼く。

5 ポーチドエッグをつくる。
① 鍋に湯を沸かして米酢を加え、火を止める。お玉で湯をすくっては落とすことを何回か繰り返し、対流をおこす。ここに割った全卵を静かに入れる。対流により黄身が白身にくるまれた状態になる。
② ①の鍋を弱火に2分間かけ、卵を引き上げる。

6 皿に赤ピーマンのピュレを流し、ペピラードと小ジャガイモのソテーを盛る。豚肉のバロティーヌとポーチドエッグをのせる。クレソンをあしらう。

各店の基本レシピ（五十音順）

ヴィネグレット
（荒井 昇／レストラン オマージュ）

材料
オリーブ油…450ml
ピーナッツオイル…450ml
フランボワーズヴィネガー…300ml
エシャロット（みじん切り）…170g
ディジョンマスタード…20g
濃口醬油…12g
塩…3g

つくり方
1. ミキサーに材料をすべて入れ、なめらかになるまで回す。

昆布だし
（中村浩司／アシエンダ デル シエロ）

材料
昆布…約3g（7〜8cm分）
水…500ml

つくり方
1. 鍋に分量の水と昆布を入れて30分〜1時間おく。
2. 1を火にかけ、沸騰する直前に昆布を取り出し、火から下ろす。

自家製ドライトマト
（米山 有／ぽつらぽつら）

材料
プチトマト…適量
塩…適量

つくり方
1. プチトマトを横に半分に切り、断面に塩をふって15分間おく。
2. 1の断面からにじみ出てきた水分を拭き、100℃のオーブンで5時間加熱する。

だし
（幸せ三昧／中山幸三）

材料
利尻昆布…120g
カツオ節（血合いなし）…70g
水…10L

つくり方
1. 大鍋に分量の水と利尻昆布を入れて火にかける。70℃を保って3時間煮出したのち昆布を取り出す。
2. 85℃まで温度を上げてカツオ節を入れて火を止める。カツオ節が沈んだら漉す。

だし
（米山 有／ぽつらぽつら）

材料
昆布…20g
カツオ節…50g
水…2L

つくり方
1. 鍋に昆布と分量の水を入れて1時間おく。
2. 1を火にかけ、沸騰直前にカツオ節を加えて火を止める。カツオ節が沈んだら漉す。

焼豚
（西岡英俊／レンゲ エクリオシティ）

材料
豚肩ロース（脂を除いたもの）…800g
長ネギ（長さ5cmに切ったもの）…5本
ショウガ…4片
タレ
　日本酒…180ml
　八角…3片*
　中国淡口醤油（生抽王）…45ml
　グラニュー糖…60g
　ゴマ油…30ml
日本酒…適量
塩…適量

＊八角の8つの片をばらしたものを3片使用。

つくり方
1. 豚肩ロースは縦半分に切り、それぞれ糸でしばり、まんべんなく塩をふる。
2. 1に日本酒をふり、長ネギとショウガをのせて58℃のスチームコンベクションオーブンで2時間加熱する。
3. タレをつくる。鍋に日本酒と八角を入れて火にかけ、日本酒のアルコール分を飛ばし、その他の材料を加える。沸いたら2を入れ、肉にタレをからめながら汁気がなくなるまで煮詰める。

鶏のだし
（紺野 真／オルガン）

材料
鶏ガラ…1羽分
玉ネギ（大）…1個
ニンジン（中）…1本
セロリ…1本
ニンニク…1個
A ┌ タイム…3枝
　├ ローズマリー…2枝
　├ ローリエ…2枚
　└ 黒粒コショウ…少量
水…3L

つくり方
1. 鶏ガラはきれいに洗い、鍋に分量の水とともに入れる。中火にかけ、沸騰する寸前に弱火にしてアクを取り除く。
2. ニンニクは皮付きのまま横半分に切り、それ以外の野菜は縦半割りにして1に加える。Aも加えて弱火で4時間加熱し、漉す。

鶏のだし
（西岡英俊／レンゲ エクリオシティ）

材料
鶏挽肉…2kg
鶏手羽先…1kg
鶏モミジ…1kg
昆布…30g
長ネギ（長さ5cmに切ったもの）…4本
ショウガ…60g
日本酒…560ml
水…8L

つくり方
1. 材料をすべて鍋に入れ、100℃のスチームコンベクションオーブンで4時間加熱する。ペーパータオルで漉す。

パルミジャーノのサブレ
（紺野 真／オルガン）

材料
パルミジャーノ・レッジャーノ…適量

つくり方
1. パルミジャーノ・レッジャーノをすりおろす。
2. 天板にクッキングシートを敷き、**1**をセルクル（直径5cm）を使って円形に広げる。210℃のオーブンで3分間焼き、175℃に温度を下げてさらに4分間加熱する。冷めたらシートから外す。

ブイヨン
（米山 有／ぽつらぽつら）

材料
鶏ガラ…1kg
玉ネギ…2個
ニンジン…1本
セロリ…1本
水…6L

つくり方
1. 鶏ガラは流水できれいに洗う。玉ネギとニンジンは縦半割りにし、セロリは半分の長さに切る。
2. **1**と分量の水を鍋に入れ、火にかけて沸かす。沸騰したら火を弱めてアクを取り除き、弱火で4時間煮て漉す。

フォン・ド・ヴォー
（紺野 真／オルガン）

材料
仔牛の骨…2.5kg
A ┌ 玉ネギ…2個
  │ ニンジン…1本半
  │ セロリ…1本半
  └ ニンニク…1片半
B ┌ クローヴ…4粒
  │ 白粒コショウ…小さじ1/2
  │ ブーケガルニ＊…1束
  │ トマトペースト…25g
  │ 塩…適量
  └ 水…5L

＊ポワローの青い部分1/2本分、ローリエ3枚、ローズマリー1枝、タイム3～4枝、パセリの軸4～5枝分を束ねたもの。

つくり方
1. 仔牛の骨は230℃のオーブンで15分間焼く。
2. **A**は適宜に切り、230℃のオーブンで10分間焼く。
3. **1**、**2**、**B**を鍋に入れ、沸騰する寸前まで熱してから火を弱め、アクを取り除く。弱火で4～5時間煮る。
4. **3**を漉して、約半量になるまで煮詰める。

ブロード
（湯浅一生／ビオディナミコ）

材料
キジのガラ…6kg
玉ネギ…3個
ニンジン…2本
セロリ…4本
A ┌ ローリエ…3枚
  └ 黒粒コショウ…ひとつまみ
水…15L

つくり方
1. 玉ネギ、ニンジン、セロリを縦半割りにする。
2. 鍋にキジのガラと分量の水を入れて強火にかける。沸騰してアクが出てきたらアクを取り除く。
3. アクが出てこなくなったら**1**と**A**を加える。ひと煮立ちしたら、ふつふつと沸くくらいの火加減にして2～3時間煮て、漉す。

ポン酢
（幸せ三昧／中山幸三）

材料
ぽん酢（ミツカン）＊…1800ml
ユズの搾り汁…90ml
煮切りみりん…720ml
濃口醬油…1800ml
昆布…15g
カツオ節…20g

＊柑橘果汁に酢を加えた市販品を使用。

つくり方
1. 材料をすべて合わせ、冷蔵庫で1週間ねかせる。
2. 漉して冷蔵庫で保管する。

レモン・コンフィ
（紺野 真／オルガン）

材料
レモン（有機栽培のもの）…8個
砂糖…500g
塩…100g
水…800ml

つくり方
1. レモンはヘタから約1cmのところで十字に切り込みを入れる。
2. 砂糖と塩を合わせ、**1**の切り込みにすりこむ。すり込みきれなかった分は分量の水に溶かし、レモンとともに密閉容器（レモンが液体に完全に浸かった状態になる大きさのもの）に入れ、1ヶ月半以上常温で保存して発酵させる。

索引

目次

ベーシックなソース＆ディップス…p.199

肉・内臓肉に合うソース＆ディップス…p.200
魚介・加工品に合うソース＆ディップス…p.201
野菜に合うソース＆ディップス…p.204

揚げものに合うソース＆ディップス…p.206
麺・ご飯・パンに合うソース＆ディップス…p.207

ベーシックなソース＆ディップス（五十音順）

洋のソース＆ディップス

- アイヨリ…44
- アマトリチャーナのソースベース…96
- アンチョビ焦がしバターソース…60
- イカスミソース…80, 81
- ヴィネグレット…11
- オリーブペースト…63
- サルサ・ヴェルデ…64
- シーザードレッシングのもと…15
- ジャガイモのピュレ…124
- ソース・グルノーブル…61
- ソース・ラヴィゴット…98
- タルタルソース…28, 30
- トマトソース…92
- バーニャ・カウダソース…66
- バジリコ・ペースト（ジェノベーゼソース）…65
- ヒヨコ豆のペースト…118
- ブランダード…79
- フレンチドレッシング…17
- ベシャメル・ソース…56
- マヨネーズ…26
- ラグー…76
- リエット…75
- レバーペースト…78
- ロメスコソース…95

和のソース＆ディップス

- 芥子酢みそ（赤）…142
- 芥子酢みそ（白）…142
- 白和え衣…130
- 田楽みそ…138
- 味噌柚庵地…143

中華・エスニックのソース＆ディップス

- XO醬…145
- ガーリックオイル…72
- 香味だれ…153
- サルサ・メヒカーナ…99
- 四川だれ…154
- ヌクチャム…150
- 花椒塩…159
- ラー油…70
- ワカモレ…108
- ワカモレ・フレスコ…106

デザート用ソース＆ディップス

- カスタード・クリーム…178
- ココナッツミルクソース…186
- ソース・アングレーズ…177
- ソース・キャラメル…177
- ソース・ショコラ（チョコレート・ソース）…182
- ティラミス用マスカルポーネクリーム…180

肉・内臓肉に合うソース＆ディップス

肉類全般

焼く・炒める
- グリルインゲンのピュレ…116
- サルサ・フレスコ・コン・チポトレ…100
- ソース・アンショワイヤード（アンチョビ入りドレッシング）…16
- 田楽みそ…138
- 肉のジュのヴィネグレット…20
- ムイティウチャン（塩こしょうライムだれ）…159
- ワカモレ…108
- ワカモレ・フレスコ…106
- ワカモレ・ヌエス…107

ゆでる・蒸す
- アイヨリ…44
- 赤唐辛子入りシーズニングソース…146
- グリルインゲンのピュレ…116
- サルサ・ヴェルデ…64
- ムイティウチャン（塩こしょうライムだれ）…159

あ

ウサギ肉
- ピスタチオのペースト…168
- ワカモレ…108

か

鴨
- 赤ワインソース…169
- カシスのソース…172
- 甜麺醬ソース…146
- フランボワーズのソース…172

内臓肉
- グレイズ紹興酒…172
- サルサ・ヴェルデ…64
- トウモロコシのコンディマン…120
- トウモロコシのムース…121
- リンゴのコンディマン…174

牛肉（焼く・炒める）
- アイヨリ…44
- 赤ワインソース…169
- 炒め麺の合わせソース…156
- グレイズ紹興酒…172
- 黒にんにくだれ…126
- サルサ・アル・クレン…128
- サルサ・フレスコ・コン・チポトレ…100
- ソース・アンティボワーズ…102

牛肉（ゆでる・蒸す）
- 梅ごまおろし…122
- 辛いごまダレ…162
- グレイズ紹興酒…172
- サルサ・ヴェルデ…64
- サルサ・トンナータ（ツナのソース）…39
- 南乳ソース…148

さ

鹿肉
- 赤ワインソース…169
- カシスのソース…172
- 腐乳ディップ…148
- フランボワーズのソース…172

た

鶏肉（揚げる）
- 黄味酢タルタル…46
- 黒酢ダレ…153
- スイートチリヌクチャム…152
- ソース・アンショワイヤード（アンチョビ入りドレッシング）…16
- 甜麺醬ソース…146
- 南蛮ダレ…134
- ヌクチャムドレッシング…21
- ヌクマムソース…158
- ヌクマムマヨ…39
- 薬味あん…129
- 柚子こしょうマヨ…36

鶏肉（焼く・炒める）
- アイヨリのエスプーマ…45
- 赤ピーマンのピュレ…110
- オリーブ醤油…136
- カリフラワーのピュレ…115
- くるみみそ…143
- 黒にんにくだれ…126
- サルサ・フレスコ・コン・チポトレ…100
- スイートチリヌクチャム…152
- ソース・アンショワイヤード（アンチョビ入りドレッシング）…16
- ソース・アンティボワーズ…102
- 甜麺醬ソース…146
- ネギ油…71
- ネギと実山椒のソース…129
- パルミジャーノソース…53
- フロマージュブランのタルタルソース…49
- 干し貝柱とエシャロットのタルタルソース…28
- 柚子こしょうマヨ…36
- ロメスコソース…95

鶏肉（ゆでる・蒸す）
- アイヨリ…44
- 赤ピーマンのピュレ…110
- 赤ピーマンのムース…112
- 梅ごまおろし…122
- オリーブ醤油…136
- ガーリックオイル…72
- きゅうり酢…123
- くるみだれ…166
- 黒にんにくだれ…126
- サルサ・ヴェルデ…64
- 四川だれ…154
- 食べるラー油…71
- 甜麺醬ソース…146
- ヌクチャムドレッシング…21
- パルミジャーノソース…53
- ピリ辛チリソースドレッシング…24
- 腐乳ディップ…148
- 干し貝柱とエシャロットのタルタルソース…28

は

羊肉
- ソース・アンショワイヤード（アンチョビ入りドレッシング）…16
- 南乳ソース…148
- ハリッサ…128
- ペスト・トラパネーゼ…97
- ラグザーノチーズのソース…53
- ワカモレ…108

豚肉（揚げる）
- 黒酢ダレ…153
- ヌクマムソース…158
- 花椒塩…159

豚肉（焼く・炒める）
- 赤ピーマンのピュレ…110
- 金山寺味噌とバルサミコのソース…140
- グレイズ紹興酒…172
- 黒酢ダレ…153
- 酒粕と白味噌、ブルーチーズ…52
- サルサ・アル・クレン…128
- サルサ・トンナータ（ツナのソース）…39
- サルサ・フレスコ・コン・チポトレ…100
- ソース・アンショワイヤード（アンチョビ入りドレッシング）…16
- 玉ネギのソース…104
- 田楽みそ…138
- 甜麺醤ソース…146
- ネギと実山椒のソース…129
- ネギ油…71
- 薬味あん…129
- 柚子こしょうマヨ…36
- リンゴのコンディマン…174
- ワカモレ…108
- ワカモレ・ヌエス…107

豚肉（ゆでる・蒸す）
- 梅ごまおろし…122
- 辛いごまダレ…162
- 辛みドレッシング…25
- サルサ・アル・クレン…128
- サルサ・ヴェルデ…64
- サルサ・トンナータ（ツナのソース）…39
- 四川だれ…154
- 南乳ソース…148
- ヌクチャム…150
- ヌクチャムドレッシング…21

魚介・加工品に合うソース＆ディップス

魚介全般

揚げる
- アイヨリのエスプーマ…45
- ウニバーニャ…85
- オリーブ味噌…138
- オレンジとニンニクのコンポスタ…173
- 黄味酢タルタル…46
- 黒酢ダレ…153
- スイートチリヌクチャム…152
- ペスト・トラパネーゼ…97
- ベトナム風トマトソース…91
- ムイティウチャン（塩こしょうライムだれ）…159
- 薬味あん…129
- ロメスコソース…95

カルパッチョ
- アンチョビソース…84
- オリーブ醤油…136
- ガスパチョソース…94
- サルサ・メヒカーナ…99
- サルサ・メヒカーナ・コン・フルータ…99
- 生姜のソース…68
- バジリコ・ペースト（ジェノベーゼソース）…65
- マンゴー黄味酢…48
- ワカモレ…108

刺身
- 梅ごまおろし…122
- 納豆じょうゆ…133

スープ
- アイヨリ…44
- アイヨリのエスプーマ…45
- ブランダード…79

焼く・炒める
- アイヨリのエスプーマ…45
- オリーブ醤油…136
- ガスパチョソース…94
- サルサ・ヴェルデ…64
- サルサ・セボラ…105
- サルサ・フレスコ・コン・チポトレ…100
- ジャガイモのピュレ…124
- ソース・ラヴィゴット…98
- 田楽みそ…138
- 干し貝柱とエシャロットのタルタルソース…28

ゆでる・蒸す
- アイヨリ…44
- アイヨリのエスプーマ…45
- 赤唐辛子入りシーズニングソース…146
- アサリバター…58
- 四川だれ…154
- ムイティウチャン（塩こしょうライムだれ）…159
- 薬味あん…129

白身魚（揚げる）
- ガーリックマヨ…31
- サテードレッシング…25
- しょうがヌクチャム…152
- 豆腐とアボカドのディップ　しらすのせ…132
- ヌクマムソース…158
- ミントと自家製ドライトマトのタルタル…34
- 柚子こしょうマヨ…36

白身魚（刺身）
- ヴィネグレット　しょうが入り…21
- サテードレッシング…25
- ワカモレ…108

白身魚（焼く・炒める）

- キャビア・ド・オーベルジーヌ…102
- グリルインゲンのピュレ…116
- 自家製ドライトマトと塩昆布、生ハムのオイルソース…62
- ソース・アンショワイヤード（アンチョビ入りドレッシング）…16
- ソース・アンティボワーズ…102
- トマトとアサリ、ナンプラー、パクチー、ケイパーのケッカソース…98

白身魚（ゆでる・蒸す）

- 赤ピーマンのムース…112

青魚（焼く・炒める）

- 鰯の肝と赤ワインのソース…170
- キャビア・ド・オーベルジーヌ…102
- 自家製ドライトマトと塩昆布、生ハムのオイルソース…62
- トマトとアサリ、ナンプラー、パクチー、ケイパーのケッカソース…98
- 万願寺のソース…114

青魚（その他）

- アンチョビソース…84
- キャビア・ド・オーベルジーヌ…102
- 生姜のソース…68
- 新生姜のグラニテ…125
- ソース・アンショワイヤード（アンチョビ入りドレッシング）…16

あ

アサリ

- 芥子酢みそ（赤）…142
- 自家製ドライトマトと塩昆布、生ハムのオイルソース…62
- しょうがヌクチャム…152
- ネギ油…71
- ムイティウチャン（塩こしょうライムだれ）…159

アジ

- 黄味酢タルタル…46
- 黒ごまじょうゆ…162
- しょうがゴマじょうゆ…134
- 土佐酢ジュレ…144
- ムイティウチャン（塩こしょうライムだれ）…159

アナゴ

- ソース・アンティボワーズ　102
- 玉ネギのソース…104
- トウモロコシのコンディマン…120
- トウモロコシのムース…121
- 海苔と黒オリーブのソース…90

アマダイ

- 肉のジュのヴィネグレット…20

アユ

- ガスパチョソース…94
- 万願寺のソース…114

アワビ

- 香油…72
- 酒盗あん…88
- 海苔ジュレ…90
- 海苔と黒オリーブのソース…90
- マンゴー黄味酢…48

アンキモ

- 芥子酢みそ（赤）…142

アンコウ

- オレンジとニンニクのコンポスタ…173

イカ（揚げる）

- ガーリックマヨ…31
- サテードレッシング…25
- スイートチリヌクチャム…152
- ヌクマムマヨ…39
- 柚子こしょうマヨ…36

イカ（煮る）

- イカスミソース…80
- ベトナム風トマトソース…91

イカ（焼く・炒める）

- サルサ・フレスコ…100
- サルサ・フレスコ・コン・チポトレ…100
- スイートチリヌクチャム…152

イカ（ゆでる・蒸す）

- 芥子酢みそ（白）…142
- 辛みドレッシング…25
- しょうがヌクチャム…152
- スイートチリヌクチャム…152

イカ（その他）

- ヴィネグレット　しょうが入り…21
- 黒ごまじょうゆ…162
- サテードレッシング…25
- 酒盗じょうゆ…136
- 納豆じょうゆ…133
- ピリ辛チリソースドレッシング…24
- ワカモレ・フルータ…107

イサキ

- 黒ごまじょうゆ…162
- 肉のジュのヴィネグレット…20

イワシ

- 鰯の肝と赤ワインのソース…170
- しょうがゴマじょうゆ…134

ウナギ

- キュウリとケイパーのソース…123
- 新生姜のグラニテ…125

ウニ

- 海苔ジュレ…90

エイヒレ

- ソース・グルノーブル…61

エビ

- 赤ピーマンのムース…112
- 炒め麺の合わせソース…156
- ガーリックマヨ…31
- ガスパチョソース…94
- 辛みドレッシング…25
- サテードレッシング…25
- 酒盗じょうゆ…136
- しょうがとペルノーのソース・ムースリーヌ…41
- スイートチリヌクチャム…152
- バーニャ・カウダソース…66
- パルミジャーノソース…53
- ピリ辛チリソースドレッシング…24
- 花椒塩…159
- 万願寺のソース…114
- ワカモレ…108
- ワカモレ・フルータ…107

エボダイ

- 味噌柚庵地…143

か

貝類
芥子酢みそ(赤)…142
芥子酢みそ(白)…142
マンゴー黄味酢…48

カキ
芥子酢みそ(赤)…142
塩玉子のタルタルソース…32
田楽みそ…138

カジキマグロ
しょうがヌクチャム…152
ペスト・トラパネーゼ…97

カツオ
アンチョビソース…84
きゅうり酢…123
黒ごまじょうゆ…162
酒盗じょうゆ…136
しょうがゴマじょうゆ…134
生姜のソース…68
土佐酢ジュレ…144
バーニャ・カウダソース…66
万願寺のソース…114

カニ
ピリ辛チリソースドレッシング…24
ワカモレ・フルータ…107
ワカモレ…108

カマス
黒ごまじょうゆ…162

カンパチ
黒ごまじょうゆ…162

キス
土佐酢ジュレ…144

キンメダイ
塩玉子のタルタルソース…32

クロムツ
サルサ・フレスコ…100

小アジ(揚げる)
ヌクマムソース…158

ヌクマムマヨ…39

コチ
サルサ・メヒカーナ…99

さ

サーモン
サルサ・アル・クレン…128
サルサ・フレスコ…100
スモークオイル…63

サバ
オリーブ味噌…138
しょうがゴマじょうゆ…134
生姜のソース…68
リンゴソース…174

サワラ
味噌柚庵地…143

サンマ
鰯の肝と赤ワインのソース…170

舌ビラメ
ソース・アンショワイヤード(アンチョビ入りドレッシング)…16

白子
海苔と黒オリーブのソース…90

スズキ
サルサ・フレスコ…100
味噌柚庵地…143

た

タイ
サルサ・メヒカーナ・コン・フルータ…99
しょうがヌクチャム…152
ゆずこしょうおろしポン酢…122

タコ
ヴィネグレット しょうが入り…21
きゅうり酢…123
キュウリとケイパーのソース…123
グリルインゲンのピュレ…116

サテードレッシング…25
サルサ・フレスコ・コン・チポトレ…100
ワカモレ・フルータ…107

タチウオ
味噌柚庵地…143

タラ
オレンジとニンニクのコンポスタ…173
カリフラワーのピュレ…115
ソース・グルノーブル…61
海苔と黒オリーブのソース…90
ロメスコソース…95

な

ノドグロ
味噌柚庵地…143

は

ハマグリ
芥子酢みそ(赤)…142
塩玉子のタルタルソース…32
ネギ油…71
ムイティウチャン(塩こしょうライムだれ)…159

ハモ
オクラあん…124
新生姜のグラニテ…125
鱧出汁と茄子のソース…86
ゆずこしょうおろしポン酢…122

ヒラメ
サルサ・メヒカーナ・コン・フルータ…99
ソース・アンショワイヤード(アンチョビ入りドレッシング)…16
ソース・グルノーブル…61

ブリ
梅ごまおろし…122
黒ごまじょうゆ…162
ゆずこしょうおろしポン酢…122

ホウボウ
サルサ・メヒカーナ…99

ホタテ
- 赤ピーマンのピュレ…110
- 赤ピーマンのムース…112
- 炒め麺の合わせソース…156
- ヴィネグレット　しょうが入り…21
- オレンジとニンニクのコンポスタ…173
- きゅうり酢…123
- しょうがとペルノーのソース・ムースリーヌ…41
- 海苔ジュレ…90
- ミントと自家製ドライトマトのタルタル…34

ま

マグロ
- アンチョビソース…84

- グリルインゲンのピュレ…116
- 黒ごまじょうゆ…162
- 酒盗じょうゆ…136
- しょうがゴマじょうゆ…134
- 納豆じょうゆ…133
- ピスタチオのペースト…168
- ワカモレ…108
- ワカモレ・フレスコ…106

マナガツオ
- ソース・アンショワイヤード（アンチョビ入りドレッシング）…16
- 味噌柚庵地…143

メカブ
- しょうがヌクチャム…152

モズク
- しょうがヌクチャム…152
- 南蛮ダレ…134

わ

ワカサギ
- ヌクマムソース…158
- ヌクマムマヨ…39

ワカメ
- しょうがヌクチャム…152
- 土佐酢ジュレ…144

野菜に合うソース&ディップス

野菜全般

スティック野菜
- ウニバーニャ…85
- オリーブ味噌…138
- ガーリックマヨ…31
- カリフラワーとブロッコリーのディップ…115
- 冷たいチーズフォンデュ…54
- 生山葵とクリームチーズ…52
- バーニャ・カウダソース…66
- ヒヨコ豆と実山椒のフムス…119
- 万願寺のソース…114
- ミントと自家製ドライトマトのタルタル…34
- ロメスコソース…95

焼く・炒める
- 赤唐辛子入りシーズニングソース…146
- オリーブ醤油…136
- 香菜とピスタチオのソース…168
- 香菜ドレッシング…22
- サルサ・セボラ…105
- ソース・アンショワイヤード（アンチョビ入りドレッシング）…16
- 肉のジュのヴィネグレット…20
- ハリッサ…128
- ベシャメル・ソース…56
- ペスト・トラパネーゼ…97
- 湯葉と長芋のベシャメルソース…131
- ロメスコソース…95

ゆでる・蒸す
- アイヨリ…44
- ウニバーニャ…85
- オリーブ醤油…136
- 辛いごまダレ…162
- カリフラワーとブロッコリーのディップ…115
- 肉のジュのヴィネグレット…20
- バーニャ・カウダソース…66
- ピーナッツみそソース…166
- 腐乳ディップ…148
- ベシャメル・ソース…56
- ペスト・トラパネーゼ…97

あ

青菜（ゆでる・蒸す）
- ピーナッツみそソース…166
- ゆでたまごソース…160

赤ピーマン
- トウモロコシのムース…121

アスパラガス
- アイヨリのエスプーマ…45
- ごまクリーム…161
- しょうがとペルノーのソース・ムースリーヌ…41
- 湯葉と長芋のベシャメルソース…131

アボカド
- しょうがとペルノーのソース・ムースリーヌ…41

イチジク
- 金華ハムのカスタードクリーム…40
- ごまクリーム…161
- 白和え衣…130

エンダイブ
燻製パンチェッタと赤ワインヴィネガーのソース…14

オクラ
貝柱油…74
納豆じょうゆ…133

か

カブ
酒盗あん…88

カボチャ
くるみだれ…166
甜麺醤ソース…146

カリフラワー
炒め麺の合わせソース…156
ガーリックマヨ…31
ラグザーノチーズのソース…53

キノコ
香油…72

キャベツ
ガーリックオイル…72
カリフラワーのピュレ…115
ゆでたまごソース…160

キュウリ
鮎と生姜のディップ…85
貝柱油…74
土佐酢ジュレ…144

ゴーヤ
辛みドレッシング…25

さ

サヤインゲン
しょうがとペルノーのソース・ムースリーヌ…41
ペスト・トラパネーゼ…97

ジャガイモ
ガーリックマヨ…31
キュウリとケイパーのソース…123

トウモロコシのピュレ…121
バジリコ・ペースト（ジェノベーゼソース）…65
パルミジャーノソース…53
ポテチ入りツナマヨソース…38
ヌクマムマヨ…39
柚子こしょうマヨ…36

ズッキーニ
甜麺醤ソース…146
フロマージュブランのタルタルソース…49
ミントと自家製ドライトマトのタルタル…34
湯葉と長芋のベシャメルソース…131

セロリ
辛みドレッシング…25
ピリ辛チリソースドレッシング…24

空豆
しょうがとペルノーのソース・ムースリーヌ…41
ペスト・トラパネーゼ…97

た

ダイコン
ピリ辛チリソースドレッシング…24

チコリ
燻製パンチェッタと赤ワインヴィネガーのソース…14

トウガン
甜麺醤ソース…146

トマト
グリルインゲンのピュレ…116
チーズフォンデュータ…54

トレヴィス
燻製パンチェッタと赤ワインヴィネガーのソース…14

な

長芋
納豆じょうゆ…133

ナス
貝柱油…74
くるみだれ…166
香菜ドレッシング…22
しょうがヌクチャム…152
生姜のソース…68
甜麺醤ソース…146
ヌクチャム…150
鱧出汁と茄子のソース…86
ペスト・トラパネーゼ…97
ベトナム風トマトソース…91
麻婆のもと…73
ラグザーノチーズのソース…53

は

パプリカ
グリルインゲンのピュレ…116
ソース・アンショワイヤード（アンチョビ入りドレッシング）…16

ブロッコリー
しょうがとペルノーのソース・ムースリーヌ…41
ゆでたまごソース…160
ラグザーノチーズのソース…53

ま

豆
ヴィネグレット　カレー粉入り…24
海老のリュのヴィネグレット…18

万願寺トウガラシ
香菜ドレッシング…22
酒盗あん…88

ミョウガ
貝柱油…74

ら

レンコン
ピリ辛チリソースドレッシング…24

揚げものに合うソース&ディップス

揚げもの全般

鶏肉
- ヌクマムソース…158
- ムイティウチャン(塩こしょうライムだれ)…159
- 薬味あん…129
- 柚子こしょうマヨ…36

豚肉
- ヌクマムソース…158
- ムイティウチャン(塩こしょうライムだれ)…159
- 柚子こしょうマヨ…36

白身魚
- 豆腐とアボカドのディップ しらすのせ…132
- ミントと自家製ドライトマトのタルタル…34
- ムイティウチャン(塩こしょうライムだれ)…159
- 薬味あん…129
- 柚子こしょうマヨ…36

その他の魚介
- アイヨリのエスプーマ…45
- ウニバーニャ…85
- オリーブ味噌…138
- ペスト・トラパネーゼ…97
- ムイティウチャン(塩こしょうライムだれ)…159
- 柚子こしょうマヨ…36

野菜、その他の素材
- 黒酢ダレ…153
- 甜麺醬ソース…146
- ヌクチャム…150
- ピーナッツみそソース…166
- フロマージュブランのタルタルソース…49
- ムイティウチャン(塩こしょうライムだれ)…159
- 柚子こしょうマヨ…36

か

唐揚げ(魚介)
- オレンジとニンニクのコンポスタ…173
- 黒酢ダレ…153
- サテードレッシング…25
- ヌクマムソース…158
- ヌクマムマヨ…39
- ハラペーニョタルタル…31
- 柚子こしょうマヨ…36

唐揚げ(鶏肉)
- 黄味酢タルタル…46
- 黒酢ダレ…153
- 南蛮ダレ…134
- ヌクマムマヨ…39
- ハラペーニョタルタル…31
- 柚子こしょうマヨ…36

コロッケ
- アマトリチャーナのソースベース…96
- ブランダード…79
- ベシャメル・ソース…56
- ポテチ入りツナマヨソース…38

た

天ぷら
- しょうがヌクチャム…152
- 花椒塩…159

とんかつ
- 花椒塩…159

は

春巻き
- 金華ハムのカスタードクリーム…40
- リエット…75

フライ
- 黄味酢タルタル…46
- タルタルソース…28, 30
- ハラペーニョタルタル…31
- フロマージュブランのタルタルソース…49
- 干し貝柱とエシャロットのタルタルソース…28
- 花椒塩…159
- ミントと自家製ドライトマトのタルタル…34
- ロメスコソース…95

フライドポテト
- ガーリックマヨ…31
- ヌクマムマヨ…39
- 柚子こしょうマヨ…36

フリット(魚介)
- オレンジとニンニクのコンポスタ…173
- ガーリックマヨ…31
- サテードレッシング…25
- 塩玉子のタルタルソース…32
- しょうがヌクチャム…152
- スイートチリヌクチャム…152
- 海苔と黒オリーブのソース…90
- ハラペーニョタルタル…31
- フロマージュブランのタルタルソース…49
- 花椒塩…159
- 柚子こしょうマヨ…36

フリット(野菜)
- ガーリックマヨ…31
- スイートチリヌクチャム…152
- ハラペーニョタルタル…31
- フロマージュブランのタルタルソース…49
- 花椒塩…159

ベニエ
- フロマージュブランのタルタルソース…49
- 花椒塩…159

麺・ご飯・パンに合うソース&ディップス

麺

うどん
炒め麺の合わせソース…156
香菜とピスタチオのソース…168

そうめん
香菜とピスタチオのソース…168

そば
くるみだれ…166

米麺
炒め麺の合わせソース…156
ガーリックオイル…72
ネギ油…71

中華麺
炒め麺の合わせソース…156
XO醬…145
ガーリックオイル…72
貝柱油…74
辛いごまダレ…162
食べるラー油…71

パスタ
アサリバター…58
アマトリチャーナのソース…96
イカスミソース…80, 81
炒め麺の合わせソース…156
ガスパチョソース…94
グリルインゲンのピュレ…116
香菜とピスタチオのソース…168
ゴルゴンゾーラクリーム…50
サルサ・ディ・ノーチ（クルミのソース）
　…164
新生姜のグラニテ…125
トマトソース…92
ネギ油…71
バジリコ・ペースト（ジェノベーゼソース）
　…65
鱧出汁と茄子のソース…86
ハリッサ…128
ヒヨコ豆のペースト…118
ペスト・トラパネーゼ…97
ベトナム風トマトソース…91
万願寺のソース…114
ラグー…76

ご飯

海鮮丼
納豆じょうゆ…133

カレーライス
カリフラワーのピュレ…115
食べるラー油…71

棒ずし
黒ごまじょうゆ…162

リゾット
イカスミソース…80, 81

パン

サンドイッチ
サルサ・ヴェルデ…64
サルサ・セボラ…105
サルサ・ディ・ノーチ（クルミのソース）
　…164
塩玉子のタルタルソース…32
タルタルソース…28, 30
ネギ油…71
干し貝柱とエシャロットのタルタルソース
　…28
柚子こしょうマヨ…36

ハンバーガー
サルサ・セボラ…105
塩玉子のタルタルソース…32
甜麺醬ソース…146

ホットドック
サルサ・セボラ…105

手軽につくれて使いまわせる
プロのための

ソース&ディップス
Sauce & Dips

初版発行　2016年3月25日
4版発行　2024年7月20日

編者©　柴田書店
発行者　丸山兼一
発行所　株式会社 柴田書店
　　　　東京都湯島3-26-9　イヤサカビル　〒113-8477
　　　　電話　営業部　03-5816-8282（注文・問合せ）
　　　　　　　書籍編集部　03-5816-8260
　　　　URL　https://www.shibatashoten.co.jp/

印刷　シナノ書籍印刷株式会社
製本　株式会社渋谷文泉閣

本書掲載内容の無断掲載・複写（コピー）・
引用・データ配信等の行為は固く禁じます。
乱丁・落丁本はお取替えいたします。

ISBN978-4-388-06229-4
Printed in Japan